青山俊董

今ここをおいて
どこへ行こうとするのか

春秋社

可睡齋　御本堂

ぼたん苑（4月中旬～5月初旬）

可睡齋のひなまつり（１月～３月）

火防の守護神「秋葉《あきは》三尺坊大権現《さんじゃくぼうだいごんげん》」を祀る御眞殿

日露戦争戦没者慰霊の護国塔
（伊東忠太設計／静岡県有形文化財指定）

山門

精進料理「松上膳」

大東司《だいとうす》（戦前より水洗式のお手洗い／国登録有形文化財）と
日本一の烏芻沙摩明王《うすさまみょうおう》（高村晴雲作）

はじめに

昨年（平成二十九年）は法祖父髙階瓏仙《たかしなろうせん》禅師さまの五十回忌ということで、両大本山をはじめ、縁の寺々でも懇ろな法要をお勤めいただき、真に有り難い一年でございました。中でも、ご縁の深い可睡齋《かすいさい》としては、報恩行としていかなる法要が相応しいのか苦慮いたしましたが、永いご生涯の中で禅師様ぐらいお授戒会《じゅかいえ》に明け暮れされた方はないのではという思いに至り、「報恩授戒会」にまさるものはないと決しました。

たくさんの方々のご随喜《ずいき》、ご荷担《かたん》によって、何とか円成させていただくことが出来ました。

とくに、当然といえば当然ですが、「説戒《せっかい》」と「御詠歌《ごえいか》」を二本柱として意を用いました。どちらも毫もゆるぐことなく、原則を貫かせていただきました。戒弟のみなさまも、時には二時間にも及ぶ説戒にも、「よくわかりました、感動いたしました」と大満足でございました。

しかし、説戒は、一度聞いて「よくわかった」はないのです。その時にはわかっていても、二度三度とお聞きして、そのたびに理解も深まっていくものです。ですので、当初から、今回の青山老師の説戒をご本にしようと計画し、ご老師のご了解もいただいておりました。

また、青山老師のように尼僧さまで御本山の説戒師までお勤めなさった方は、私は存じません。たくさんのご随喜のご寺院さまも、お聞きしたいと思われても、それぞれの役位に就いておられますから、お授戒中は叶わないことなのです。そうした人々のためにも、ご本にしたいというわけです。

とくに、老師は何十年も僧堂の堂長をお勤めになり、長年僧堂でも戒会をなされ、いろいろな老師方の家風に接し、ご指導を受けてきておられます。

そうしたたくさんの師家分上《しけぶんじょう》の方々、学問だけではない学者、信仰深き方々と接し、そうした方々からいただかれた金言玉句が、次々と無造作と思われるほどに飛び出してきます。時には懐かしく、時には懶惰《らんだ》に流されている私自らの日常への警策《きょうさく》としていただくこともあります。だから、誰よりも出版を待望していたのは、他ならぬ私だと思っています。

青山老師は、「『仏法』というのは、たった一度の命の、今ここを最高に生きる生き方、最後の落ち着き場所を説くもの」とおっしゃっています。このご戒法《かいほう》のこころを正しく学び、自覚と信仰と誓願の実践のもとに、お互いさまに、たった一度の人生を最高に生きることが出来るよう努めてまいりたいと思います。
　青山老師が親しくお説きくださったご戒法が、ひとりでも多くの方々の人生を照らし、導く大光明とならんことを願ってやみません。

平成三十年五月吉祥日

可睡齋齋主　佐瀬道淳　九拝

写真　秋葉總本殿　可睡齋

今ここをおいてどこへ行こうとするのか　目次

今ここをおいてどこへ行こうとするのか

第一講

たった一度の命をどう生きるか——お釈迦さまの仏法

鬼を出すか、仏を出すか

まずは、第一回目のお話は、仏法とは何か、ということに参じてみたいと思います。すべての人に一日二十四時間、一年三百六十五日という、「時間」という財産を、まったく平等に頂戴しております。物ばかりが財産ではありませんね。その二十四時間という、時間という財産を使っていく主人公はわたしでしかない。わたしの今日《こんにち》、ただ今をどう生きるか、ということにかかっていると思います。

一日二十四時間を、二時間か三時間の中身でしか過ごせないか。三十時間、四十時間の中身の濃さに使い通せるか。あるいは、同じ時間を、鬼を出して生きるか、仏を出して生きるか、闇として生きるか、光と変えて生きるかで、一生がずいぶん変わっていくと思います。

「仏法」というのは、たった一度の命の今を最高に生きる生き方を問う、最高の生き方、最後の落ち着き場所を問うというのが、他ならぬ仏法であります。

一日二十四時間をどう使いこなしていくか、それの集積が人生です。ですから、同じ二十四時間という時間を、鬼を出して生きるか、仏を出して生きるか。あるいは、人生の旅路にはいろんなことがあるに決まっていますけれど、たとえば闇としか思えないことを闇にするか、光に転ずるかで、一生はずいぶん変わってまいります。

具体的なお話を申しあげましょう。かつて死刑囚から手紙がまいりまして、そのお手紙の中に、

この身体《からだ》　鬼と仏と　あい住める

という句が入っておりました。鬼も、仏も何でも出す材料のすべてを持っているお互いですね。

親鸞さまが、「さるべき業縁のもよおさば　いかなるふるまいをもすべし」（『歎異抄』）と、おっしゃった。何でも出す材料を全部持っているお互いでありますけれども、たった一度の命ならば、無理をしてでも仏を出していこうじゃないかと、そう思うわけです。どんなにすばらしい生き方をした人でも、あるいはどんなに修行をした人でも、悪い条件を

揃えられたら何をするか、わかりはしない。反対に、悪魔のように恐れられている人でも、ことと次第では仏さまも顔負けするほどのことだってやることができる。すべての可能性を持ったお互いだけれども、たった一度のやり直しのできない人生なんだ、無理をしてでも仏を出していこうじゃないか、そういう一つのたとえのお話です。

わたくしの普段おります名古屋の修行道場と、自坊の塩尻の方と両方で、夏に二泊三日の禅の集いをしております。

だいぶ前ですが、名古屋の道場の方の、禅の集いに、信州の須坂というところから、小田切さんというおばあちゃんが参加されました。二泊三日を終えてから、「先生、少しお話を聞いてくれますか」と部屋へ来られた。定年退職後の二人の生活のやりきれなさを訴えてまいりました。

だんだん、おばあちゃんの顔が鬼みたいになってきまして、最後、「主人を殺したい」という言葉まで口から出ました。わたくしは、

「三十年、四十年ご一緒して、最後、そんな別れは悲しいね。別れていいからね、三日でいいから、最高のあなたのあり方をして別れてくれませんか」

と言いました。

「三十年、四十年ご一緒したら、ご主人が、何がいちばん好物かも、誰よりもあなたが知っているわけだから。ご主人の好物のお料理を心を込めて作ってね」と言いました。純なおばあちゃんでしてね、「三日でいいですか」と（笑）。「三日でいいよ」、「そんならやってみます」と。

幼稚園の子どもに話すように、「三、四日、留守をしたわけですから、『参禅会で三日も留守をして、勝手をさせていただいて』と御礼を言ってね。帰りにご主人の好物のお料理の材料を買って帰ってね」と、子どもに話すように言いました。

その通りにしたんですね。三日、要りませんでした。翌日の昼、ご主人から電話が入って、「三日間で家内をあれだけ変える先生に会いたい」と（笑）。

ご夫婦そろって仲良く参禅聞法《さんぜんもんぽう》をするようになりました。お二人とも高齢で、ご主人は少し前に亡くなり、おばあちゃんは今も時折お便りをくださっております。

これなんですね。何でも出す材料を持っているお互いなのだけれども、たった一度のやり直しのできない命なんだから、無理をしてでも仏を出していこうじゃないか、ということです。

「修すれば証そのうちにあり」

ここでもう一つ心しておきたいことは、相手に求めないことです。限りなくわたしがどう変われるかだけを、自らに問いかけるということ。お互いさまに「鑑《かがみ》」ですからね。相手を鬼にしたのは、わたしの中の鬼です。

もし、相手を鬼にしたと思ったら、「わたしの中の鬼が相手の中の鬼を引き出したんだな」と気づかせていただかなければならない。相手に求めない。限りなく自分がどう変われるかだけを自分に問いかけていく。これが大事だと思います。

相手に求めないということで、ついでに申しあげておきたいお話があります。名古屋のわたくしの道場に、古くからおなじみで出入りしている運転手さんがおりまして。わたしは、よく運転手さんとおしゃべりをいたします。

そのなじみの運転手さんがある日、えらいあらたまりまして、「先生、お話をさせていただいていいですか」と言うから「どうぞ」と言いました。

「実はわたしは刑務所生活を三年しました」と言うんです。わたしは「ああ、なかなかできない経験ができて、よかったじゃない」と言いましたら、「そりゃあまあ、そうですけれど」と。

「家内や子どもに迷惑をかけました。しかし、せめて家内や子どもには許してもらいたいと思うんですけれども……」

あとは言葉を濁していました。たぶん、許さないのでしょうね、深いところで。それで悶々として、夜になったらお酒でごまかして寝る、ということらしいのです。それで、わたくしは言いました。

「許してくれ、なんていうのは甘えですわ。『懺悔《さんげ》』というのは、そんな条件つきじゃない。許してくれなくて結構、許されなくて当たり前。わたしはひたむきに懺悔するのみ。それが、懺悔じゃないですか。それを許してくれだなんて、相手に注文をつける。相手に注文をつけて、相手が許さないと、〝なぜ許さないか〟と相手を責めたくなる。そんなのは懺悔じゃない、甘えですわ」

そう言った途端に、運転手さん泣き出しましてね。

「そうでしたなあ、わかりました。よかった、先生に話して」

男泣きに泣きながら、逆にストンと荷物が落ちたように、名古屋駅に着いた頃は、軽い笑顔をしておりました。

その後、お目にかかっても、二度とこの話をしようとは思いませんけれども、明るい表情になりましたね。

ひたむきに懺悔するのみ。相手に注文をつけない。逆にそんな姿勢になると、相手も許す気になるものでございます。

まずは自分がどう変わるか。相手に求めない。

沢木老師がよくおっしゃいました。

「夫婦喧嘩をしようと思ったら、まず合掌してから始めなされ」

夫婦喧嘩を卒業のお方が多いかわかりませんが、現在進行形の方があったら、お伝えください（笑）。

信州のお茶の稽古場でこの話をしましたら、お茶の生徒さんがお家に帰って、ご主人に話したそうです。話した方は忘れて、ある日イライラしていたら、ご主人が合掌してくれたというんですね。「ハッとしました」と報告してまいりました。みなさんもカッとしたら思い出してくださいね。

合掌したら、合掌の世界が即、開きます。道元禅師が、

「修《しゅ》すれば証《しょう》そのうちにあり」

とおっしゃっておられます。やりさえすれば、その世界がただちに開く、というのです。ニコッとしたらニコッとした世界が開く。目をつり上げたら目をつり上げた世界が開く。やりさえすれば、この世界が即、開く。結果を問わず、ただやることを考えよとのお示しです。


というように、まずは二十四時間という時間、鬼を出すか、仏を出すか、という一つの例を申しあげました。

闇から光へ

もう一つ。たとえば、その二十四時間を闇で埋めていくか、光へと転じていくかの例として、お釈迦さまがこういうことをおっしゃいました。

この世の中には四種類の人々がある
闇から闇へ行く人
闇から光へ行く人
光から闇へ行く人
光から光へ行く人

とおっしゃった（『阿含経』）。人生の幸、不幸を「闇」とか「光」とかという言葉に置きかえることができましょうね。たとえば、闇としか思えないことを、闇がほんのわずかなことでも、いつまでもいつまでも引きずることで、何倍も何十倍も増やしてしまうというのが、「闇から闇へ」ですね。

先だって人生相談がありまして、小さい時のほんのわずかなマイナスを五十年ひきずってしまった。「もったいない人生を生きたね」と言いました。わずかなマイナスを五十年ひきずったらどうなりますか。このようなことを「闇から闇へ」というのですね。

「闇から光へ」、闇としか思えないことをプラスに切り替える。これは大事な姿ですね。

「闇から光へ」ということで、忘れられないお話があります。これもタクシーの運転手さんのお話です。

京都の妙心寺さん、臨済宗のご本山ですね。妙心寺さんにお話にまいりました。京都駅でタクシーを拾いました。乗った途端に運転手さんが、

「ああ、ご出家さんですね。お話をさせていただいてもよろしゅうございますか」と語りかけてきましたので、「どうぞ」と言いました。

「わたしは高校三年生の三学期のときに、両親を一緒に亡くしました」と言うから、びっくりしまして。「ご両親、一緒に亡くなったんですか」と言いましたら、

「町会でフグを食べに行って、そのフグの毒にあたって両親が一晩で亡くなりました。その朝は、お弁当をいただいていく朝で、いつもならお母さんが早く起きてお弁当を作ってくれるはずなのに、いつまで経っても物音一つしないから『おかしいな?』と思って、そっと両親の部屋の戸を開けてみたら、さんざん苦しんだあとを止《とど》めて、二人とも息が絶えていました。

びっくり仰天して電話に走り、親戚の者が駆けつけて、葬式は出してくれました。借金こそなかったけれど、貯えはなかった。歳がずっと離れて五歳の妹がいた。父親が出征し

ていたから、年の離れた五歳の妹。高校三年生と五歳の妹では家賃が取り立てられないだろうというので、家主が追い出した。わたしは五歳の妹を連れ、最小限度の荷物を持って、安いアパート、六畳一部屋を借りて、出ました。

さいわい、高校三年生の三学期で、就職は決まっていた。両親に代わって妹を育てなきゃならんと、わたしは夢中になって働きました。朝は新聞配達、昼間は勤め、夜はアルバイトと必死に働いて。二十二、二十三歳のときには、安いアパートを買うほどの金はできました。

その間、わたしは働くことしか考えませんでしたから、洗濯も炊事も掃除も、何もしませんでした。五歳の妹がしたことになります。『おしん』って、NHKの朝のドラマでありましたね。わたしの妹だって、いたしました。

妹に勉強机を買ってやりたかったけれども、六畳一部屋に食卓と勉強机を置いたら、寝るところがなくなるから、妹にはかわいそうだけれども、食卓と勉強机を兼ねてもらいました。狭いお家で育ったから、妹は整理の名人になって、今、大きなお家にご縁をいただいておりますけれども、きれいに整頓されています。

考えてみましたら、わたしなんかは、もし両親が元気でいてくれたら、今頃、暴走族か突っ張り族か、ろくな人間になっていなかったと思います。もし両親が一緒に死んでも金を残していてくれたら、今の僕はなかったと思います。幼い妹がいなかったら淋しくてぐれていたと思います。

両親はいない。金はない。幼い妹がいる。わたしは本気にならざるを得ませんでした。わたしを本気にしてくれ、一人前の大人にしてくれ、男にしてくれたのは、両親が一緒に死んでくれたおかげ、金を残してくれなかったおかげ、家主が追い出してくれたおかげ、幼い妹をつけてくれたおかげ、と感謝しております。おかげで本気になれました。男になれました。大人になれました。毎日、感謝の線香を両親の位牌にあげております。何も言うことはありません。

けれども、妹がよいご縁をいただいて花嫁衣装を着たときだけは、泣けました。両親に見せたかった。わたしは、今、一つだけ頼むことがある。『自分の子どもが一人前になるまでは生命《いのち》をください』と頼んでいます」

そんな話をしてくれました。「どんなお方の話よりもすばらしい話をありがとう」と言ってタクシーを降りたことを忘れません。

普通に考えたら「闇」としか思えないことを、「おかげで一人前になれました、本気に

なれました、男になれました」と全部プラスに切り替える。まさに「闇から光へ」という
お手本のようなお話です。

お釈迦さまの「四種類の人」ということから、さらに二つの学びをしておきたい。

一つは、人生は変えていくことができる。諦めず、変えていこうではないか。これが一つです。

それからもう一つは、変えていく主人公はわたしでしかない。代わってもらえません。親子、兄弟、夫婦と、代われるような、どこかに甘えがありますけれど、絶対に代わることはできない。わたしの人生を築き上げていくのはわたしだけです。

一つめの学びは人生、変えていくことができる。二つめは、変えていく主人公はわたしでしかない。そのわたしの今日《こんにち》、ただ今をどう生きるかにかかっている。そういうことなのですね。

わたしがちょうど大学におります頃、芝の増上寺におられた椎尾弁匡《しいおべんきょう》僧正が、このような歌をつくってらっしゃいます。

時は今　ところ足もと　そのことに

お互いさまに一日、同じ時間を頂戴している。それをどう生きるか。その最高の生き方、最後の落ち着き場所、それが他ならぬ仏さまの教えなのだということを、まずは心にとどめておきたいと思います。

幸せを求める心

人生は言葉をかえれば「幸せを訪ねての旅」といえる一面があると思います。幸せを何とするかの選ぶ目の深さ高さが、その人の人生を決めるといえましょう。

お釈迦さまのご在世当時のお話。ビンズル尊者と、ウダエン王は幼なじみ。みなさん、ビンズル尊者は、「おビンズルさま」といって親しいと思います。お寺の須弥壇《しゅみだん》上にはお上りにならず、入口におられまして、みんなになでまわされていますね。

そのビンズル尊者とウダエン王は幼なじみで、一方はいくつかの国を平定して、並びなき大王になった。一方はすべてを捨ててご出家あそばされて、お釈迦さまのお弟子さんとしてご修行されて、「ビンズル尊者」と呼ばれるような人になった。

あるとき、このビンズル尊者が故郷のウダエン国に帰って、山の中、樹下石上《じゅげせきじょう》でボロのお袈裟一枚まとって坐禅をしているということを聞いて、幼なじみのウダエン王が会いに行きます。王さまとしての姿を美々しく装い、大勢の家来を引き連れて会いに行く。

そして樹下石上でボロの袈裟をまとって坐禅しているビンズル尊者に向かって、ウダエン王が、

「わたしは今、たくさんの国を支配下におさめ、たくさんの家来も女官も何もかも思うようになる。どうだ、羨ましくないか」

と言ってみせるんですね。

それに対してビンズル尊者は、たったひと言、

「われに羨心《ぜんしん》なし」

〝ちっとも羨ましくないよ〟と答えるのです。ビンズル尊者が幸せと思っている中身と、ウダエン王が幸せと思っている中身の違いですね。

ジャン＝ジャック・ルソーが『エミール』の中でこう言っています。

「人は裸で生まれて、裸で死んでいく。その中間をいろんな衣装を着がえ、いろんな持ち物を持ちかえていく。女王とか金持ち、美人、さらには主義とかうぬぼれとか、さまざまな衣装を着込む。いろんな衣装を着がえ、いろんな持ち物を持ちかえながら、最後は、また裸で死んでいかねばならない。

多くの人はその裸で生まれて裸で死んでいく中間の持ちかえていく持ち物、着がえていく衣装にばかり心奪われて、持ち主であり衣装の着手《きて》であるわたし自身の今日《こんにち》ただ今を、どう生きるかを問うことを忘れている」

話が飛び飛びで恐縮ですが、インドに「三かく長者」という長者がいたそうです。「恥かく」「義理かく」「欲かく」。恥をかいてでも、義理をかいてでも、欲をかいて一代のうちに莫大な財産をつくった。

その三かく長者も、寄る年波には勝てず、いよいよお迎えが来る段階になって、遅ればせながら気がついた。

「三かく長者」などという名前をもらってまでもかき集めた財産は、いざというとき、何の役にも立たない。臨終の枕元に金をいくら積んでも何にもならない、何の役にも立たない。役に立たないばかりではない。一つも持っていくことができない。持っていけないばかりではない。後に残った者の財産相続の争いの種になるだけ。そんなものを得ることだけのために、かけがえのない生涯を費やしてしまった。残念なことであった、と三かく長者は遅ればせながら気がついた。

息子さんに「わたしの葬式をわたしの言う通りにしてくれるか」と言うと、「お父さんのおっしゃる通りにしましょう」と。どうしてくれと言ったかというと、「棺の両端に穴を開けて、手を出してくれ」と言いました。

「これほどかき集めても、逝くときは空手《からて》だよ。何も持っていけないんだ。こんな生き方はしなさんな」と、三かく長者は後の人に言いたかったのです。

息子さんは、お父さんのおっしゃる通りに棺の両端に穴を開け、手を出した。億万長者の葬式だからどんな葬式が出るかと、村中の人が沿道に出て待っていた。棺が来た。手が出ていた。人々がなんと言ったか、「あれほどかき集めても、まだ足りないと言って手を出している」。そうとしか見てもらえなかった、という話を聞いたことがあります。

みなさんも、毎日、一生懸命、こうなったら幸せ、ああなったら幸せとがんばっておられますが、その中身を全部いっぺん書き出してみてください。さて、いざというときにどれだけ役に立つかな、いざというときにどれだけ持っていかれるかな、と、こう点検してみていただくといいですね。「わたしも『三かく長者』の延長線上にいたんだ」と気づかれる人があるかもしれません。

お釈迦さまにこんなお話があります。

ご存知のように、お釈迦さまは一国の王子さまで、たった一人の跡継ぎ息子です。お父さまの浄飯王《じょうぼんのう》は、大変シッダールタ太子を可愛がり、暑いときとか雨季とかに、快適に過ごせるようにと「三時《さんじ》の宮殿」までつくって、お妃にヤショーダラー姫という美しい后も迎え、たった一人のラーフラという息子さんもおられた。

世間的にいえば、何不自由ない最高の幸せのすべてがそなわっているはずのお釈迦さまが、その全部を捨ててご出家あそばされました。

着るものはボロのお袈裟しかない。住まいは樹下石上でしかない。食べものは托鉢《たくはつ》でしかない、という捨て果てた風光のお釈迦さま。そのお釈迦さまの姿が誰よりも、本気に幸せを求めた後のお姿であったわけです。

お釈迦さまが、ある日、お話をしておられた。アヌルダというお弟子が、居眠りをしてしまった。お釈迦さまはお話を終えてからアヌルダをそばにお呼びになって、厳しくお叱りになりました。アヌルダは、まことに申し訳ないと思ったのでしょう。以後、決して眠りませんと、お誓いをたてた。夜も寝ないという、眠りとの闘いをされた。しかしながら、生身の身体をいただいた人間は、夜も寝ないで過ごすことができるはずはありません。無理がたたって、失明をしてしまいました。

失明をしても、本来、お坊さんは、お袈裟を自分で縫わなければならないことになっています。

話がそれて恐縮ですが、ちょっとお袈裟についてお話を申しあげましょう。

お釈迦さまの信者さんが、お釈迦さまに、「他の宗教の方とお釈迦さまのお弟子さんと、着ているもので区別できるようにしてほしい」と頼まれました。そこでお釈迦さまは、人々の捨てた布、たとえば、亡くなった人がお墓に捨てたものとか、牛やネズミが喰いかじった残りの布《きれ》とか、火に焼け残った布とか……、「あげる」と言っても誰もほしがらないから、執着がついていないから清らか。そういう布を集め、いく度《たび》も洗い、よいところを四角に切り取って、壊色《えじき》という、中間色に染める。それを田んぼの形に縫い合わせて着ている者を仏教のお坊さんと思いなさい。これがお袈裟のもとです。

いいところを少しずつ切り取って、それを田んぼやあぜ道の格好に縫い合わせる。その数が「五条」とか「七条」とか「九条」とかいいます。そのお袈裟の形の街づくりが京都ですね。五条、七条、九条というのは、それです。

わたしどもの道場でもお袈裟の授業がありまして、手づくりをしております。

お釈迦さまの頃は、全部、自分で縫ったわけなんですね。ところが目が不自由では縫うこともできない、針のメドも通らない。それで、アヌルダが、

「誰か幸せを求める人は、わたしのこの針のメドに糸を通してくれないだろうか」

とつぶやきながら、一生懸命、見えない目をしばたたきながら、針のメドをついていました。その声を誰よりも早く耳にして、

「どれ、わたしが通させてもらいましょう」

とそばへ寄ってくださったのは、ほかならぬお釈迦さまご自身だったのです。

アヌルダはびっくり仰天しまして、

「もったいないことです。お釈迦さまに、お師匠さまに、わたしの針のメドを通していただくとは、まことにもったいない。けれども、お釈迦さまも幸せを求めておいでですか」

と思わず聞いてしまうんですね。「誰か幸せを求める人は、わたしのこの針のメドに糸を

通してくれないだろうか」というつぶやきにまっ先に応じてくださったわけですから、思わず「お釈迦さまも幸せを求めておいでですか」と聞いてしまったのです。

それに対するお釈迦さまのお答えは、

「世間、福を求むるの人、われに過ぎたるはなし」

世の中の人は、みんな幸せになりたいけれど、わたしほど本気に幸せを求めた者はいないであろう、というお返事です。一国の王子として、何不自由がない、いわゆる世間的な幸せのすべてが調っていた。それらを全部捨てて、一介《いっかい》の乞食僧《こつじきそう》としてのご出家。それが、最高の幸せを求めた後の姿であったんだという。わたしどもとちょっと幸せの次元が違うな、ということには気づきますけれども、幸せということにおいて変わりはない。

ほんとうの幸せを本気で求め、求め求めて、命がけのご修行の末に見つけ出され、説き残された教え。それがほかならぬお釈迦さまの教え、仏法なのですね。

ですから、いいかえれば、仏法というのは、すべての人の最高の生き方、最後の落ち着き場所を説くものなのだ、ということを忘れてはならないと思います。

「生生世世修行、定年なし」

　だいぶ前、三十代のはじめの頃、紀野一義《きのかずよし》先生と、あるテレビで二度ばかり対談いたしました。二度目の対談に入るとき、ディレクターが、

「あの尼僧さん、何で出家したのか聞いてください」

と。紀野先生は、

「わたしはそういうのはあまり聞きたくないけれど、しょうがない、聞いてくれと言うので聞きますが……」

ということで質問された。わたしは、

「すべての人がほんとうの幸せというものを、自分の命の最高の生き方、最後の落ち着き場所というものを、とことんまでつきつめて、そして、仏法が何を説くものかがわかったら、十人が十人、坊さんになると思います」

とお答えした。わたしは、本気に、大真面目に答えました。

ところが、世間の人は、そういう返事はおもしろくないのですね。終わってから、ディレクターが「先生、うまいこと逃げましたね」というんですよ。世間の人は「好きな人と一緒になれなくて……」などという答えがほしいんですね（笑）。その程度では、坊さんにはなれません。そうお返事をいたしました。

わたしは十五歳で頭を剃りました。そのときの思いを詠《うた》ったのが、

くれないに　命もえんと　みどりなす
　黒髪断ちて　入りし道かも

求め求めて、最高の道に命かけようと、疑いなくこの道に入った。若さというものは欲張りなものでして、大学で十一年、遊んでおりました間、「仏教よりすばらしいものがあったら、そっちへ行こうじゃないか」くらいの思いでキリスト教をかじってみたり、あの頃、五十年、六十年前、マルクス主義をかじってみたりとか、欲張りであったわけです。

さいわいによき師に導かれながら、この道に入って間もなく七十年になります。七十年、わたしなりに一筋に歩ませていただきましたが、ようやく入口に立つ、そんな思いです。

わたくしが親しくしていただいておりました松原泰道《まつばらたいどう》老師が、九十九歳のとき、「生涯修行、臨終定年」と書いたお手紙をいただきました。

わたしはもっと欲張って、「生生世世修行、定年なし」、そんな思いでこの道を歩み続けさせていただきたい。一歩でも二歩でも三歩でも、深まらせていただきたいと、切に思っている今でございます。

みなさん方とご一緒にお唱えする言葉に、

人身《にんしん》受け難《がた》し　今すでに受《う》く
仏法聞き難《がた》し　今すでに聞く
この身《み》　今生《こんじょう》において度《ど》せずんば
さらにいずれの生《しょう》においてか
この身《み》を度《ど》せん

というのがありますね（三帰依文《さんきえもん》）。このお言葉に参じてみましょう。

仏教では、草木も動物も人間も、命の重さにおいては絶対平等と説きます。

キリスト教の場合は、天地創造の神と創られたるものと二つに分かれ、さらに創られたる万物にも序列があって、万物の霊長としての人間と、その人間のために創られたるものという序列があります。創り主と創られたるものというキリスト教のあり方を「契約の宗教」と呼んでいます。

仏教の場合は、そうではありません。

国立公園の父と呼ばれるアメリカのジョン・ミューアは、雪の山脈を六年も放浪し、天地の声を聞いた人といえましょう。そのジョン・ミューアの言葉に、「たった一輪のスミレのために地球がまわり、風が吹き、雨が降る」というのがあります。

一輪のスミレを咲かせるために、天地いっぱいのお働きがある。同じ働きをいただいて、今日のわたしのおしゃべりがあり、みなさんも聞いていただくことができる。

命の重さにおいては絶対平等、これが仏法でございますね。一輪のスミレの重さも、米粒一つの重さも、菜っ葉一枚の重さも、犬猫の命の重さも、人の命の重さも、命の重さにおいては絶対平等でございます。しかしながら、授かった働きに違いがある。

科学者の言葉を借りますと、鉱物は物質だけ。植物は物質プラス命、動物は物質プラス命プラス喜び悲しみなどを認識する力を持っている。

人間だけが、最高の天地いっぱいのお働きをいただいて、今の命の営みがあるという、命の重さを自覚する働きを持っているというのです。

同じ働きをいただいて一輪のスミレが咲いても、同じ働きをいただいて犬猫が飛んだり跳ねたりすることができても、草木や動物には、自覚はない。そういう大変な天地総力をあげてのお働きをいただいて、しゃべることができるんだよ、聞くこともできるんだよ、一つひとつの命の営みはそういう大変なものなんだ、ということを自覚する働きをいただいているのは人間だけだ、というのです。

しかし、そういう自覚する働きを持った人間の命をいただいても、その命の尊さを説いてくださる教えに出会えなければ、気づくことができない。こんなに大変な命をいただいているんだよということを説いてくださる教えに出会わなければ、気づくことはできない。

教えを聞くアンテナ

さらにもう一つ。そういう教えや教えを説く人に出会うためには、アンテナが立っていないと、出会いは成立しません。同じ話を聞いていても、たとえば、電機がどんなに素晴らしい装置を持っていても、スイッチが入っていなければ光りはしません。そういうように、どんなに教えを聞いていても、アンテナが立っていなければ、スイッチが入っていなければ話は聞けない。人にも出会えない。そこですね。

天地総力をあげてのお働きをいただいて、刻々の命の営みがあるという。命の尊さを自覚する働きをいただいた人間として、命をいただくことができた。さらにその命の尊さを説く教えに出会うことができた。教えに出会えなかったら、気づかないで終わるかもしれません。遠いとか、忙しいとか言っているうちは本気ではないでしょう。本気に求める心があったら、どんなに遠くても、どんなに忙しくても何とかなるものです。

本気に求める心があったら、どんなに遠くからでもやってきます。遠いとか忙しいというのは、言い訳に過ぎない。本気でないことの言い訳にすぎないと思っております。

いずれにいたしましても、まずは本気のスイッチが入っていなければ、同じ場所で同じ話を聞いていても聞こえてこない。その人に出会っていても出会いは成立しない。

ということで、さいわいに、気づかせていただく、自覚することができる人の命を頂戴できた。しかも人の命の尊さを説く教えに出会うことができた感動、それが「人身受け難し、今すでに受く。仏法聞き難し、今すでに聞く」。容易ならぬ勝縁をよろこばせていただかねばなりません。

本気で求めるアンテナが立っていない人は、聞いていても聞けていない。さいわいに、本気で求める心を持たせていただくことができた。ありがたいと思わなければなりません。みなさんがこうして万障繰り合わせてでも参会させていただける悦び、そして、教えに出会うことができた。アンテナが立っていなければ出会えない。このアンテナということで、思い出すことがあります。

わたくしは、だいぶ前のことですが、「ユーキャン」から三十巻ほどのCDを出しております。その「ユーキャン」が主催する京都講演でのこと。お話が終わりまして、扉の外へ出ました。日本中から駆けつけたメンバーの、いわゆる握手攻めにあっておりました。後ろの方に、四十代半ばの奥さまが涙を流しながら順番を待っていた。番がきて、前に進んできてこう言いました。

「三十三年前、奈良の法隆寺で合掌させていただいたものです」と。

わたくし、そのときの様子が非常に心に残っておりましたので「ああ、あのときの方ですか」と、わたしも奇しき再会を喜びました。

今からですと、三十五、三十六年前になります。奈良へお話に行って少し時間がありましたので、ふと法隆寺を訪ねました。平山郁夫先生の「法隆寺はシルクロードの終着点」というお話を思い出したので。

中宮寺も訪ね、静かに南大門の方に向かい、古い土塀に沿って歩いておりました。どこの小学校の修学旅行生かはわかりませんが、団体でわたしを追い越して行きました。その方とは関係なくわたしは、ゆっくり法隆寺のたたずまいをたのしんでおりました。

一人の娘さんが、わたしを追い越しざまにふと立ち止まって、丁寧に合掌して頭を下げた。わたしは、ハッとして思わず合掌を返しました。

一瞬のことで、お顔はわかりません。セーラー服の後ろ姿を目で追いながら、「どういう家庭で育った娘さんかなあ」と思いました。

小学校六年生、十二、十三歳でしょうか。団体で行動している。どこの尼僧かわからないが歩いているのを、追い越しざまに思わず合掌した。思わずというのは、普段お寺さんの出入りがあって手を合わせて送り迎えしているか、あるいは仏壇に朝晩、手を合わせているか。手を合わせるということが身についていなければ、大勢で移動しているときに、旅先のどこの誰だかわからない尼僧に、追い越しざまに合掌することはなかろう、と思います。

昔から、「親の言う通りにはならないけれど、親のする通りになる」といいますが、「どういう家庭で育った娘さんかなあ、法隆寺へ来て、この娘さんに出会えてよかったなあ」という感動が溢れてきました。

法隆寺そのものは千五百年の歴史があります。けれど、どちらかというと過去形です。それに比べて、今一瞬の合掌は、こちらは生演奏ですね。一瞬の生演奏の方が、よほど感動がある。

「この娘さんに会えてよかったなあ」という思いが心に残っておりまして、「ユーキャン」からわたしのＣＤを出すにあたって、「親の生きる姿勢」というテーマで、ふと、この話を入れました。

法隆寺で、こういう娘さんに会った。親の言う通りにはならないけれど、親のする通りになる。そのような話をしました。

その「ユーキャン」のＣＤを、この奥さまが聞いたのですね。涙を流しながら語ってくれました。

「小学六年生、修学旅行、法隆寺の南大門の前で集合写真を撮るべく急いでおりました。一人の尼僧さんが歩いておられました。七色に輝いて見えました。『この方を追い越すわけにはいかない』と思ったけれど、一人とどまることもできず、『ごめんなさい、お先にご無礼します』と思わず合掌をした。ニッコリほほ笑んで合掌を返してくださった。その合掌とほほ笑みをもう少し拝んでいたいと思ったけれど、それも許されず、心を残して走りました。それからずっとずっと、ずーっとお会いしたいと念じ続けました」

と言うんですね。それでたまたまその頃、わたくしが週刊誌の『女性自身』に書いておりました。それを見つけたのでしょう。

しかしながら、あの瞬間の顔と、この『女性自身』の顔とが同じかどうかはわからない。わからないけれど、『女性自身』の連載を全部切り抜いていた。『女性自身』ではわたしの名前も出ますから、ユーキャンからCDを取り寄せて聞いていたら、その中に「法隆寺で娘さんに出会った」話が出てきて、「これ、わたしっ!」と驚いたようです。ご主人から「そんなバカな」と言われたけれど、もう嬉しくて嬉しくて。それでその「ユーキャン」の方に問い合わせをして、今日の講演にいらっしゃった。

まさに不思議な再会でございました。お土産に丁寧なお手紙が添えてありました。その

手紙の中に、

「一瞬であろうとも、大事な方をキャッチするアンテナを育ててくれた両親に感謝あるのみ」

という言が書いてありました。すばらしい一言であり、なかなか言える言葉ではありません。

くり返し申しますが、命の重さにおいては全部平等です。しかし、その命の重さに気づく働きをいただいているのは人間だけ。さいわいにして気づくことができる人間の命をいただいていても、その命の重さを説いてくださる教えに出会わなければ気づけない。

さいわいに、その教えに出会うことができ、その教えを説く人に出会うことができても、アンテナが立っていなければ聞けない。さいわいにアンテナを立てることができ、その人に会い、その教えが聞ける。こんな幸せはないと思わなければなりませんね。

その教えを聞く耳があるうちに、聞いて実践する身体があるうちに、一刻も早く聞いて、たった一度のやり直しのできない人生の今ここを、すこしでも悔いのない生き方をしていく。最高の生き方を、幸せな生き方をしていく。教えに導かれながら。それが、大事なことではないでしょうか。

「ときは今、ところは脚下」

一休さんにこんなお話があります。

金持ちのご主人が亡くなった。お通夜を頼まれ、枕経に行った。一休禅師、亡くなったご主人の枕元に端然とお座りになったまま、いつまで経ってもお経を始められない。かしこまって後ろでお参りをしている人たちが、しびれを切らして、「一休さま、いつになったらお経を始めてくれるだろう」とぼそぼそ言いだした。

一休さんはみんなの方を向いて、

「亡くなったご主人が一生涯愛用していた金づちを持ってきてくれ」

とおっしゃった。

お通夜のお経を読むのになんで金づちがいるんだろうと思ったけれども、禅師さまが持ってこいとおっしゃることですから、亡くなったご主人が生涯愛用していた金づちを持ってきてさしあげた。禅師さまはその金づちを受け取るや否や、亡くなったご主人の頭をポカンと叩いたのです。みんな、びっくり仰天しまして、「いくら禅師さまでも、亡くなった主人の頭を叩くという法はない」と怒りました。

禅師さまはお尋ねになった。

「亡くなった主人は、わたしに頭を叩かれて、痛いと申したか」

ご返事ができませんね。一休さんはおっしゃった。

「仏の教えというものは、生きているうちに聞くもんじゃ。一生涯愛用していた金づちで自分の頭を叩かれても、痛いとも言えなくなってからでは遅いのじゃ！」

そうおっしゃって、お経も読まないで帰って行かれた、という話が伝わっております。

なんとなく、お経というものは自分の人生を棚にあげて、向こうを向いて読むような錯覚に陥っておりますまいか。そうではない。たった一度の命をどう生きるかを説いたのがお経です。わが脚下《あしもと》に向かって読むものなのです。

だいぶ前のことです。東京に「一隅会《いちぐうかい》」という会がありまして、「一隅を照らすもの、これ国宝」という伝教《でんぎょう》大師のお言葉からとった会の名前だろうと思います。元ＮＨＫの金光アナウンサー方が中心になっての勉強会。その会に頼まれてお話に行きました。お話が終わったところで、質問の手が挙がりました。

「お経は死んだ人に読むものか。自分の脚下《あしもと》に向かって読むものか」

いい質問ですね。もうみなさんはここまでお読みいただいているのでおわかりだと思います。自分の人生を棚にあげて、向こうを向いて読むのがお経ではありません。

たった一度の命、今ここをどう生きるか。お経に導かれ、照らされて、教えに導かれ、照らされて、生きる。その生き方をめぐらし手向《たむ》けて、亡き人への回向《えこう》とする。それが回向でなければならないのです。

死んでからでは遅い。聞く耳があり、聞いて実践する身体があるうちに、一刻も早く聞き、今ここでそれを実践する。それをめぐらして亡き人への回向とする。それがほんとうの回向なんですよ。

供養では、「五供養《ごくよう》」という言葉があります。五つの供養。まず、お線香などの御香ですね。それからお灯明、お花、飲み物、食べ物。この五つを「五供養」と申します。これも心がけがなければできませんけれども、お釈迦さまは、もっと大事な供養として、「よき生き方をせよ」とおっしゃっています。

みなさんは、自分が、供養される側にまわったときのことを考えてみてください。後に残ったものがいい加減な生き方をされたら、心配で化けて出てこなければなりませんね

（笑）。

　たった一度の命の今を最高に生きる、「よくやってくれている」と、亡き人が安心して向こうの旅が続けられるような、後に残った者の生き方をする。その最高の生き方を説いたものがお釈迦さまの教えです。

　限りなく「ときは今、ところは脚下」と、一歩一歩を心して歩む。人生の今には、いろいろあるに決まっている。その今を、教えに導かれながら、刻々に闇を光へと転じ、あるいは鬼を出さずに仏を出してゆく。

　そのことをめぐらして亡き人への供養とする。その最高の生き方を説いてあるのが、ほかならぬ仏の教えなのだと、そのように受け止めていただきたいと思います。

　では、一体、何を説かれたかという具体的なお話としては、あと四回にわたってお話ししてまいります。第一講は、その序のようなお話として、お許しいただければありがたいと思います。

第二講　天地宇宙の真理に気づく——「仏戒」について

「今日　空　晴れぬ」

柳宗悦《やなぎむねよし》という人の言葉に、

「今日　空　晴れぬ」

という言葉があります。柳宗悦という方は、民芸運動をされたお方で、大変すばらしい方でした。爽やかに晴れ渡った空を仰ぎ見ると、みんな、すがすがしい気持ちになりますね。天気の話ではありません。いつも「今日　空　晴れぬ」というような心持ちや顔ということです。

その方のお顔を見ただけで爽やかになる。その方の姿を見ただけで嬉しくなる。そういう姿、いつもそんな心でいる。それが「今日　空　晴れぬ」という言葉の心なんですね。

わたしが親しくしていたお方、みなさん、よくご存知の相田みつをさんの詩に、

あなたがそこに

ただいるだけで
その場の空気が
あかるくなる
あなたがそこに
ただいるだけで
みんなのこころが
やすらぐ
そんな
あなたにわたしも
なりたい

という詩があります。このようにおしゃべりをするわけじゃなくて、その方が一緒にいてくださる、というだけで、その方のお姿を仰ぎ見ただけで、心が安らかになる、温かくなる、生きてゆく勇気が湧いてくる。そんなお方がいるんですね。それが柳宗悦さんのおっしゃる「今日　空　晴れぬ」という言葉で表す心なのです。

昨年の暮れ（平成二十八年十二月）、三十日に、わたくしが久しく親しくさせていただいておりました渡辺和子先生が、八十九歳でお亡くなりになりました。岡山のノートルダム女子大の学長を三十五歳の頃から務められておりました。

この和子先生の言葉で、

「不機嫌な顔をして歩いていているだけで、環境破壊もはなはだしい。ダイオキシンをふりまいて歩いていているようなものだ」

とおっしゃった言葉を思い出します。

ちょうど、柳宗悦さんの「今日　空　晴れぬ」という言葉と対照的な言葉です。お互いさまに人生いろいろあるに決まっておりますけれども、受け止め方一つで違ってきます。常に「今日　空　晴れぬ」というような顔をして、姿をして、「その方のお姿を見ただけで、その方と接するだけで、楽しくなる。よろこびがいただける。安らかになる」、そんなお互いになれるように、お授戒を通して学ぶことができたらいいな、と思います。

仏心に目覚める──「授戒」について

ようやくにして本論に入らせていただきます。本書末尾に「十六条ノ戒法」を付してありますので、ご参照ください。

「お授戒」と申しますが、この「じゅかい」には「授戒」と「受戒」と二通りありますが、授ける方からいったら、戒を「さずける」の「授戒」ですし、受ける方からいったら、戒をお受けする「受戒」となりましょう。

しかしながら、いずれにしても、何かをもらったり、あげたりする話ではない。ということを、まずは心に止めておきましょう。

達磨大師は、お釈迦さまから法を相続して二十八代目。インドから中国へ禅をお伝えになりました。

この達磨大師の示された、『一心戒文《いっしんかいもん》』の中に、

受《じゅ》とは伝《でん》なり
伝《でん》とは覚《かく》なり
即《すなわ》ち仏心《ぶっしん》を覚《かく》するを真《しん》の受戒《じゅかい》となす

という言葉があります。「受ける」ということは「伝える」ということ。「伝える」ということは「気づく」ということ。「仏心を覚するを真の受戒となす」と。「仏さまの身心を頂戴していたんだな」ということに気づくことであって、ないものを頂戴する、「ものをやりとりするのとは違うんだぞ」とおっしゃる。「仏心を覚するを真の受戒となす」。仏さまになるのではなくて、仏さまであったことに気づく、そういうふうに頂戴していただくといいですね。

わたくしが生涯の師として仰いでおりました沢木興道《さわきこうどう》老師の言葉に、「凡夫《ぼんぷ》がぼつぼつ修行して仏になるんじゃない。はじめから仏さんなんだ。ただそのことに気づかずに迷っているのを凡夫と呼ぶ」というのがあります。よく、「仏になる修行」といいますが、そうではない。はじめから仏さんなんだ。ただ、そのことに気づかず迷っているのを凡夫と呼ぶんだと。沢木老師がそうおっしゃったことを思い出します。

やはりわたくしがお慕い申しあげておりました、教育者で兵庫の八鹿《ようか》小学校の校長を最後に定年退職された東井義雄《とういよしお》という先生のお話を思い出します。

東井先生は、愛の教育に生きた先生です。教育のことを農家のお百姓さんにたとえて、

下農は草を作り
中農は作物を作り
上農は土を作る

と。教育の畑の土づくりは家庭づくり、親づくりなんだと。作物である子どもを何とかしようと思っても、苗床である、土である家庭や、親がダメならダメなんだとおっしゃる。この頃、子どものいろいろな問題があります。大人に責任があると思わなければならないと思います。

校長をお辞めになってから、教育の畑の苗床づくり、土づくりのために、全国を講演に

歩いておられました東井先生、夜中に電話が入った。こんな夜中に誰が電話をくれたかと思って、受話器を取ってみたら、男の方のせっぱ詰まった声で、

「世の中の人はみんな、わたしを見捨てた。裏切った。生きてゆく勇気がなくなったから、今から首をつって死のうと思う。けれど、ひとつだけ気になることがある。『南無阿弥陀仏』を唱えて死んだら、救ってもらえるか」

という電話だった。東井先生は、

「待ってください。あなたの気まぐれな『南無阿弥陀仏』ぐらいで救われるもんですか。そんなことよりも、あなたはまわり中が見捨てた、裏切ったと言うけれど、あなた自身が自分の命を裏切り、見捨てて、死のうとしているじゃないか。そんなときも、がんばって見捨てずに、生きてくれよ、乗り越えてくれよと、呼びかけ通しに呼びかけ、働きかけ通しに働きかけていてくださる、そのお声が聞こえないか」

とおっしゃった。

「そんな声、どこにも聞こえやしない」

「死のうとしているそのときも、あなたの呼吸が出入りしているでしょう。あなたの心臓が動いているでしょう。死なせてなるものか、乗り越えてくれよ、とあなたの呼吸を出入

りさせ、あなたの心臓を動かしてくださる。そのはたらきを仏というんじゃ。その他の、どこに仏がいると思うか」

とおっしゃった。

「勘違いをしていたようだな」

と言って電話の主が電話を切った、というお話を思い出します。

わたしがこうしてしゃべっている間も、なんとも思わなくとも心臓が動いている、呼吸が出入りしている。今朝、頂戴したものをきちんと消化している。みなさんにお聞きいただいている間、一分間にいくつ心臓を打たなきゃならない、と思わなくても、ちゃんと動いてくれています。生きるための努力の何一つもしていないで眠りこけている間も、生かし続けてくださっている。その働きを「仏《ほとけ》」と呼ぶのです。

自分の気づかないところでの大きな働きをいただいて、お互いの二十四時間の命の営みのすべてができている。その働きに目覚めさせていただく。その働きをいただいている自分の命の姿に気づかせていただくこと、これが「気づき」ということなのです。

何に気づくか。はじめから授かっている仏の御命《おんいのち》、仏の御働《おんはたら》きをいただいての二十四時間、その命の尊さに気づく。それがお授戒の「授」という意味なのです。

「受《じゅ》とは伝《でん》なり、伝《でん》とは覚《かく》なり」と。そういう命の本来の姿、仏の命、仏のお働きをはじめから頂戴している、そのことに気づかせていただく、それが受戒の「受」という意味なんです。仏になるのではなく、すでに仏である自分に気づかせていただくということを、まず受け止めていただきたいと思います。

第一講でお話ししたように、キリスト教の場合は、「創造の神」、唯一神の創造の神をたて、創られたる万物との二元です。

仏教の方は一つです。はじめから仏の御命《おんいのち》をいただき、その御命をそれぞれの姿として命をいただいている。はじめから授かっている仏の命に気づくというので、「自覚の宗教」と呼ばれるゆえんです。それに対してキリスト教の場合は、創り主と創られたる者との「契約の宗教」と呼ばれています。

ちなみに、同じキリスト教でも、カトリックでは「神父」ですが、プロテスタントでは「牧師」といいます。この牧師というのは、創られたる仔羊が、創り主の神に背かないように神に代わって牧することから、「牧師」と呼ぶのだそうです。

仏教では修行の十の段階を牛飼いにたとえた、『十牛図《じゅうぎゅうず》』という教えがあります。その中で、第五番目は牛を牧する「牧牛《ぼくぎゅう》」といいます。『十牛図』における牛は、わがままで、ああしたい、こうしたいという自我のわたし。それが、仏の御命《おんいのち》によって目覚めたもう一人のわたしによって牧されていく、このように受け止めるとよろしいかと思います。

「授戒」（「受戒」）とは、それはもののやりとりではなくて、はじめからいただいている仏の御命《おんいのち》、お働きに気づかせていただく、目覚めさせていただくこと、とまずはそのように受け止めていただきたいと思います。

「古道の発見者」

つぎに、「宗教」とは一体何なのか、「仏法」とは一体何なのかという、その原点について考えておきたいと思います。

また、運転手さんのお話です。

名古屋駅で乗ったタクシーの運転手さん、わたしの顔を穴が開くほどのぞき込んで、「坊主やってんですか」と聞いてきました。

その声には、何かこちらが悪いことをしているような、とがめだてるような厳しい響きを持っていました。それで思わず、

「坊主は職業じゃない。生きていく手だてではない。誰しもが、たった一度の命を最高に生きたいと思う。その最高の生き方、最後の落ち着き場所を、求め求めて行き着いてこのような姿になっただけで、坊主は職業ではない」

わたしも厳しく答えました。そうしましたら運転手さんは、

「ああ、そうですか。坊主は職業じゃないんですか。わたしは宗教が大嫌いです。宗教なんて人間がつくったものでしょう。人間がつくったものに、人間が縛られるという法はない」

と、また言ってきました。そこでわたしは次のような話をしました。

宗教は人間がつくったものではない。何もないところからつくり出したならば、たとえお釈迦さまがどんなにご立派でも、キリストさんがどんなにご立派でも、二千年、二千五百年前という時代的制約から出ることはできないでしょう。ちなみに、キリスト教は約二千年、お釈迦さまは二千五百年。また、インドやイスラエルという地理的制約からも出ることはできないでしょう。

お釈迦さまやキリストさんが見つけ出そうと出すまいと、気づこうと気づくまいとにかかわらず、行われている天地悠久の真理。いいですか、お釈迦さまやキリストさんが気づく気づかずにかかわらず行われている天地悠久の真理に、明らかな修行の眼《まなこ》で気づいただけ、発見しただけであって、ないものをつくり出したわけではありません。

たとえば、天地悠久といってもわかりませんので、小さく地球を考えてみましょう。地球の歴史が四十六億年だそうです。四十六億年を一年に換算すると、地球上に命が誕生したのは四、五月だそうですね。

ソマチットという微生物が海で生まれた。この海で微生物が誕生したという原点は、今も変わらず、陸に上がった動物たちは、お母さんのお腹の中に、海の条件を整えます。お母さんのお腹の中の羊水というのは、海水と同じ成分なんだそうです。命誕生の原点は、今日《こんにち》までも変わらないということのようです。

四十六億年を一年に換算したとき、四、五月に海に誕生した命、これが限りない進化を遂げて「人類」の命の姿をとってきたのは、十二月三十一日の夜の十時過ぎだそうです。ついー瞬前ですね。ですから、地球上におけるあらゆる命あるものの中で、人類はいちばんの新参者といえるわけです。その新参者の人類が地上に現れて、地球をダメにするようなことを今しているのではないかと思えてならないのですけれどもね。

その十二月三十一日の夜の十時過ぎに地上に現われた人類の歴史が、四十五万年。ケタが違います。その四十五万年の人類の歴史の中で、文化らしきものを持ったのは、ようやく一万年だそうです。

その一万年の中で「世界三大宗教」といわれる仏教が二千五百年、キリスト教が二千年、イスラム教が千四、五百年。ほんの一瞬前ですね。

地球という歴史を見ただけでも、一瞬前に、お釈迦さまとか、キリストさんという方がお出ましくださって、少なくとも地球だけでも展望する。それを見て、天地はこうなっているんだ、その中で人の命もこのように生かされている。だからこう生きていこうじゃないかと気づき、説きいだされた。ですから、教えの原点はお釈迦さまやキリストさんが、気づく気づかないにかかわらず行われている天地悠久の姿、それが基本。それに気づいた、発見したのだ、ということを忘れてはなりません。

要するに「目覚め」、「気づき」です。ですから、お釈迦さまのことを増谷文雄《ますたにふみお》先生は「古道《こどう》の発見者」とおっしゃっている。

「古道」の「古」という字は、「十」に「口」と書きますね。「十」代「口」伝で相続されてきたことを「古」と呼ぶのだそうです。十代口伝、少なくとも五、六百年以上、七、八百年くらいは相続されてきたものというわけです。

たとえば、どんなに大勢を動員して騒ぎ立てても、その教えが間違っていたら、百年以内に消えていく。少なくとも二千五百年相続されてきたというのは、間違いのない教えの証拠です。

十代口伝で相続される、それを「古」と呼ぶ。ですから、「古」という言葉は、真理、間違いのない教えという意味です。時と場所《ところ》を超えて変わらぬ天地宇宙の真理、それを「古」という言葉で表す。増谷文雄先生は、お釈迦さまのことを「古道の発見者」とおっしゃっている。これも心に止めておきましょう。

その天地宇宙の真理、「古道」に気づいた人を古い聖《ひじり》、「古聖《こしょう》」と呼ぶ。それから、その教えを「古教《こきょう》」と呼ぶ。さらに、そういう天地宇宙の真理、そこにおける人の命のありようというものを本気で学ぼうとすることを、「稽古《けいこ》」という。

この頃、言葉も変わってまいりまして、お茶の稽古、お花の稽古というように「稽古」という言葉が軽々しく使われておりますけれども、本来の「稽古」という意味は、稽首《けいしゅ》＝

頭を地にたたきつけて命がけで道を求めようとすることなのです。

道元さまは、『正法眼蔵』の中で、あちこちに「稽古の人よ」というふうに呼びかけておられる。「時と場所《ところ》を超えて変わらぬ真理の道を命がけで求めようとする人よ」という呼びかけが、「稽古の人よ」という意味になっていることを忘れたくないと思います。

天地宇宙の道理——仏法・仏教・仏道

このように、「時と場所《ところ》を超えて変わらぬ真理」のことを「古道」と表現をしますが、それをもう一ついいかえますと、「法」という文字になります。「法」という文字は、「氵《さんずい》」に「去《さる》」と書きます。仏法の法、法律の法。水は少なくとも引力のある地上にあって普通の状態ですと、高きから低きに流れる。これが水の姿ですね。水が流れ去る姿で、時と場所《ところ》を超えて変わらぬ真理を表現する。

一方、昔はこうだったけれど、今はこう。ヨーロッパではこうだけれど、日本ではこう。と、時と場所《ところ》で変わるもの、人と人の申し合わせは「道徳律」です。

沢木老師がこうおっしゃいました。
「飲み方に流儀はあっても、胃の消化の仕方に流儀はない」
と。お茶の飲み方に「表流」、「裏流」とありますね。ですが、胃が表流に消化する、ということはないですね。たとえばそのように、人と人との申し合わせは「道徳律」。時と場所《ところ》で変わります。これは、柔軟に対応をすればよろしいのです。

時と場所《ところ》を超えて、変わらぬものを「真理」と呼ぶ。その真理を表すのに「氵」に「去」という字、「法」という文字で表す。

これをインドでは「ダルマ」と呼び、真理と訳します。それが中国に行って、お経の「経」という字に訳されました。経は「縦糸」なんです。永遠に変わってはならぬ縦糸、それが経。横糸が道徳律、人と人との申し合わせです。

時と場所《ところ》を超えて変わらぬ天地宇宙の道理、それを「法」といいます。仏法の「法」がそれです。

だからほんとうは、「仏」の一字もどうでもよろしいのです。キリスト教であろうと、イスラム教であろうと、宗派を超えて民族を超えて、時を超えて変わらぬものが真理。それにお釈迦さまが気づかれた、見つけ出された。

それに気づくことを「覚《かく》」という。それに気づいた人を「覚者《かくしゃ》」と呼ぶ。「ブッダ」が「覚者」と訳されているゆえんです。

時と場所《ところ》を超えて変わらぬ真理に目覚めた人のことを「覚者」と呼ぶ。ですから、これはお釈迦さまの専売特許ではないのです。みなさんも真理に目覚めたら、みんな、「ブッダ」なんですよ。出来のいい悪いは別としまして（笑）、みんな、「ブッダ」に変わりはないのです。その目覚めた人が真理に気づいたから「仏法」と呼ぶ、と思ってください。

いちばんの原点、これが仏法なのです。

「天地宇宙はこうなっている、その中で人の命はこのように生かされている。その天地宇宙の真理、その生かされている命の真理に気づいた。その生かされている命の姿にふさわしい、今ここの生き方をしようじゃないか」

と、お釈迦さまは人間の言葉を借りてお説きくださった。そこに教えが生まれる。それが「仏教」となる。

原点は「仏法」。天地の道理です。気づく気づかないにかかわらず行われている天地の姿。つぎに、それに気づいて「こうなっているんだ。だから、それに随って、こう生きて行こうじゃないか」と、人間の言葉を借りて、そこに教えを説かれた。それが「仏教」となり、さらにそれが、今ここでの実践の道だから、「仏道」となる。

道元さまが、「仏法」、「仏教」、「仏道」と呼び変えておられることの意味を、よく心にとどめていただきたいと思います。

ですから、その運転手さんに、

「ないものをつくりだしたんじゃないんだ。はじめから気づく気づかないにかかわらず、行われている天地宇宙の真理。それに目覚めただけ。それに随って生きていこうと、教えが説かれただけのことなんだ」

と、言いました。そうしましたら、この運転手さんは、

「ああ、そうですか。仏教はないものをつくり出したんじゃなくて、真理に目覚めただけなんですか。実は、わたしは北海道の寺の息子です」

と言うもんですから、びっくりしましてね（笑）。

そこで念のために、申し添えておきます。これは、わたしども僧籍にあるものが厳しく反省せねばならないことです。仏教が二千五百年相続されてきたというのは、間違いのない教えの証拠です。けれども、時代の長い流れの中では垢もついてくる。

たとえば、方便ということがあります。三十三観音とか千手観音、とりあえずはお腹の

空いた人にはパンをとか、病気の人には薬をとか、直接的には、そういう方便も大切です。それが「三十三観音」などのご利益ですね。

けれど木にたとえたら、方便という枝葉からいちばん元の根っこまで引っぱってこなければなりません。ところが、方便だけでとどまると、現世利益のいわゆる新興宗教と変わらないことになるわけです。その現世利益のところ、それが職業となったら垢になる。垢の部分だけを見てきて、寺を出た。むしろ、仏法を本気で求めた純粋な方だったんだろうと思います。

自分のお寺のそういう姿に満足できずに、仏教にむしろ反発をして、名古屋へ出てきて運転手をしているということらしいですね。ですから、それをわたしはこう言いました。「長い歴史の中には垢もついてくる。しかし方便門のもうひとつ奥、いちばんもとは天地の道理である法なのです」

と話をしたら、車が尼僧堂の境内に入る頃には、だんだんおとなしくなってきまして。最後に降りるとき、「僕も早く聞いていたら、坊主になっていたかな」と言うもんですから、「今からでも遅くない」と言って、一冊の本を渡したことです。

いちばんの基本は、天地宇宙の真理そのもの、そこに生かされている人の命の姿というもの。それが「仏法」なのです。それにお釈迦さまが気づいた。そして、「このようになっている、その道理に随って、今、ここをこう生きていこうじゃないか」と教えが説かれた。それが「仏教」なのです。そして、それが今ここでの実践道だから、「仏道」。

その実践道にちなみ、次に「戒名」についてお話を申しあげましょう。

「戒名」はブディストネーム

戒名をすでにいただいている方もあろうし、これからいただく方もあろうかと思います。だいぶ前ですが、静岡のあるお寺のお授戒に参るとき、駅から「御前崎《おまえざき》タクシー」という車を拾ってくるように、と言われまして、その「御前崎タクシー」に乗りました。「どこどこのお寺へ」と申しましたら、運転手さんは、そこのお寺でお授戒があることをよく知っておられた。

「お授戒では『戒名』をもらえるそうですが、『戒名』って何ですかいな」

と聞いてきました。そこで、運転にたとえてこんな話をしました。

わたくしの自坊のある長野県の塩尻は、非常に景色がいいところで、寺の正面が三千メートル級のアルプス連峰、まことに美しいです。後ろは美ヶ原などの二千メートル級の高原ですからね。「日本のスイス」と呼ばれるようないいところです。

たまにその信州へ帰って、わたくしは運転できませんから、弟子の運転する車でどこかへ行く。花はだいたい好きですから、いい花があると車を止めてほしかったり、どこかで親しい人を見つけると止めてしゃべりたかったり、急ぐときには、「赤信号を無視して飛んでいってくれないかな」と思ったり、「右折禁止? ちょっと行くと、すぐなのにね……」と、勝手なことを思うのは自由です。それを実践に移したら、交通事故を起こしますね。

勝手なことを思っても、実際の運転はわがままな思いを無視して、交通ルールに従って運転してはじめて、「無事故運転」ができます。それと同様に、「わたくしの人生という大道」を、「わたくしという車」を運転していくにあたっての「人生道の交通ルール」。それが、天地の道理であり、これを「仏戒《ぶっかい》」と呼ぶ。いいですか、「わたくしの人生という大道」を、「わたくしという車」を運転していくにあたっての「人生道の交通ルール」を仏戒と呼ぶ。要するに天地宇宙の道理です。最初に申した、仏法にあたります。

たった一度の命、このように生かされている、その道理に随順して、今、ここを生きていこう、という天地宇宙の道理、それを仏戒と呼ぶ。

気ままわがままなわたくしの思いは、ああしたい、こうしたいと限りなく起きる。それをそのまま実践したら、人生道の交通違反を起こします。正直申して、マスコミを賑わしているのは、ほとんどが人生道の交通違反ではないでしょうか。

ああしたい、こうしたいの思いが、あるのはやむを得ませんけれど、そっと、ぐずりださないようにお守《も》りをして、天地宇宙の道理に随順して、今ここを生きていこう、運転していきましょう、と。たった一度の命を、天地宇宙の道理であるところの仏戒に随って、今ここを運転していきましょう、と誓願を起こしたときにいただくのが「戒名」です。死んでからでは遅いですよ。

「生演奏の系譜」――「血脈」について

「わたしの人生という大道」を「わたしという車」を運転していくにあたっての、人生道の交通ルールである仏戒に随順した生き方をしたいと誓願をたてたときにいただくのが戒名です。

戒名は二文字です。その上に「道号《どうごう》」という、号をつけていただいたら四字になる。浄土真宗の方は二字が多いですけれども、わたしどもは道号をつけて四文字の戒名をいただきます。

戒名は生きているうちにいただくものです。「院」とか「居士」「大姉」は、亡くなったときに頂戴すればよろしい。

わたくしは、「俊董《しゅんどう》」が戒名です。そして、「鶴仙《かくせん》」という道号をいただいております。ですから「鶴仙俊董」。

戸籍に登録された名前は、命をいただいたときに、肉体の誕生のときにつけられた名前です。心の誕生、たった一度の命を「よし、これで生きていくぞ」と、心の誕生にいただいた名前が戒名と思ってください。

一刻も早く、聞く耳のあるうちに頂戴し、実践する身体のあるうちに、「やり直しのできない命の今を、すこしでも悔いのない生き方をしていこうじゃないか」と、まずは、そのように頂戴するのが戒名と思ってください。

何となく戒名という言葉は古びた感じがしますが、かつて、フランスの方が尼僧堂へ来ましたときに、とても嬉しそうに、誇らし気に、
「わたしは『ブディストネーム』をいただいております。『正光《しょうこう》』といいます」
とおっしゃいました。「正光」と聞いて、「あっ、『ブディストネーム』とは戒名だな」とピンときたことがありました。戒名というと古臭く感じますが、ブディストネームというと新しく感じられていいかもしれませんね。

いずれにしても、「たった一度の命をどう生きるか」。その命の誕生、心の誕生、出直す姿勢に立ち上がったときにいただくのが戒名と思ってください。

そして、いただいた戒名が書かれた「血脈《けちみゃく》」を、仏壇なり、机の上なりに飾っておいて、朝は名前に背かない一日でありたいと誓願を起こす。夜は反省の鑑《かがみ》として「血脈」を拝ませていただく。それが、血脈と戒名の意味です。

お授戒は最後に、「お血脈」を頂戴いたします。このたびの戒師さまでいらっしゃる佐瀬道淳老師さまはお釈迦さまから数えて九十四代目だそうです。

「血脈」の話もしておきましょう。お釈迦さまから命がけの生演奏による法の相続によって、二千五百年、相続されてきた仏法。文字では伝わりません。人に出会うことの感動の

中で、相続されてゆく。ですから、お釈迦さまからずっと相続されてきた朱《あか》い線で繋がっています。血脈とは、切れば血の出る人格による相続という意味です。

そして、戒師さまは九十四代目、みなさんは九十五代目の仏弟子となるというわけです。その仏弟子となった名前が血脈に書きこまれております。

血脈は生演奏の系譜ということを申しあげました。「法は人によって起こる」と申します。まことにその通りですね。寺でも野原でもどこでもいい。誰がそこで何をしているか。その中身が大事、それだけです。人から人へ、人格相伝。その人格相伝の系譜を書いたものが血脈。先ほど申しました、朱い線で、切れば血の出る人格で相続される。その生演奏のお話を申し添えましょう。

わたくしは今年（平成二十九年）八十四歳になりました。ご当山の堂頭《どうちょう》さんとは、半年違いで、大学も一緒の頃の学びでございます。

二十四年前、還暦のときにこんな歌をつくりました。

還暦の峠を越えて新たなる
　また旅立ちをするぞうれしき

人生に退職はありません。最後まで本番、最後ほど本番。最後ほど、仕上げどき。人類の先達が残してくださった教えを学ぶのに時間が足りない。ぼやぼやしている暇はありません。「よし、やるぞ」と元気よく二度目の旅立ちをしました。わたくしは誕生日が一月十五日で、昔は小正月で、その後は成人式でお休みでした。毎年、そこでお茶の初釜をしておりました。一日、お濃茶を練りながら、たまたま居合わせたお茶の生徒にこの歌の紹介をしました。

年を重ねるほどに忙しくなりまして、一日の休みもない毎日なのですが、その頃も忙しくて、ですから一度風邪をひくと、休めないために悪くしてしまいかねません。その還暦の年の六月に、とうとう肺炎に追い込まれてしまいました。何ともならなくて医者へ行きましたら、「即入院」と言われました。入院している暇はないですから、「おとなしくしているから帰してくれ」と言って、尼僧堂へ帰してもらいました。

雲水たちの迷惑になりながら、講演の代理を頼んだり、原稿をなんとか口述して書いてもらったりというようなことをしながら、約半月休んでおりました。

信州のお茶の生徒が見舞いの手紙をくれました中に、「還暦の峠を越えて、元気よく二度目の旅立ちをした先生が、肺炎で一服ですね」とあった（笑）。夜、熱や咳で眠れないままに、その生徒からの手紙を思いかえして、こう思ったのです。

「一服ではない。これが景色だ」と。

たとえば、「生老病死」という言葉で一生を表すならば、「老病死」という景色が頻繁に出てくるのが人生の後半ですね。「還暦の峠」以降の人生の景色は、「老病死」という景色が頻繁に出てくる。むしろ、老いを見据えて人生を深め、病を見据えて人生を深め、死を見据えて人生を深める。深めるという点では、この方がはるかにすばらしい。まことにその通りです。

わたくしなどは今、食いしん坊で、行く先で「お元気ですね」と言っていただく。「はい、しゃべる口と食べる口は元気です」と答えています（笑）。あとはまことにおぼつかない。膝がとくにいけません。痩せる修行が足りないからでしょうけれども。

全国を歩いてまず駅に入ると、エスカレーターとエレベーターを探します。田舎の駅でたまにないところがある。諦めて手すりにすがりながら、カニの横ばいよろしく、一段ずつ階段を昇ったり降りたりしていると、その横を若者が二段か三段、ぽんぽんぽんと、飛んで行きます。

そういうのを見ながら、「あの若者は二段三段と飛んで行けることが当たり前と思って、何とも思っていないんだろうな」と、眺めるわけなんです。膝を痛めて普通に歩けなくなってみてはじめて、普通に歩くことのすばらしさ、何ともなくて座れることのすばらしさを感じます。

たとえば、一つひとつを当たり前と思っているところからは、不平不満しか生まれませんが、失うことを通して、一つひとつが「ただごとでなかったなあ」と気づかせていただく。

心臓が動いていること。呼吸ができること。眠ることができること。食べることができること。食べたものを消化して出すことができること。全部、当たり前と思っているところからは、ありがたさがわかりませんが、失ってみることを通して、一つひとつが「普通ではなかった、大変なことであった」と気づくことができる。

病むことを通して、一つひとつの授かりのすばらしさに気づかせていただく。老いることを通し、病むことを通し、健康であることの有り難さを知ることができます。

あるいは、「死を忘れたら、生もボケる」というように、老いを通して人生を深め、病を通して人生を深め、死を通して人生を深める。深めるという点では、この方がはるかにすばらしい。生徒にそう返事を書きました。

「一服じゃない。これが二度目の人生の景色だ、老いを見据えて人生を深め、病を見据えて人生を深め、死を見据えて人生を深める。深めるという点では、この方がはるかにすばらしい。一歩進めて、いかなる死が来ようとも、いかなる老いが来ようとも、無条件に頂戴していくおまかせの人生ではありますけれども、願わくは、美しく歳をとっていきたいな」と。

老化の「化」というのは「化ける」と書きますね。それに「艹《くさかんむり》」をつける。そうすると、「花」になります。願わくは、美しく老いていくことができたらいいなと思います。

ホイットマンの詩に、

女《おみな》あり
二人行く
若きはうるわし
老いたるは
なおうるわし

という詩があります。「老いてなおうるわし」です。シワがないから美しいんじゃないですよ。白髪がないから美しいんじゃないですよ。シワの一本一本に、白髪の一本一本に、それまで、いろいろな人生の山坂がありましたでしょう、その山坂を、どう受けて越えてきたかが、そのシワに光る、白髪に光る。内からにじみ出る人格の美しさですね。

できたら、そんな歳のとりかたをしたいなと、そんな思いで手紙を書きました。

しばらくしまして、自坊の塩尻の方で隣村の老人クラブが研修に来ましたので、この話をしました。そうしましたら、聴講生の中のお一人で、八十歳すぎるくらいの、音楽に携わっていたらしいお方が、この詩に作曲をして、楽譜に写して送ってくれたんです。

ところがわたしは楽譜が読めないものですから、「困ったなあ」と思いながら、つい忙しくてお返事も書かないままに、二ヵ月ぐらい過ぎてしまいましたら、催促の手紙がまいりました。

「冥土の土産にしたいから、何とか言ってくれ」と（笑）。それで困りまして、お茶の稽古場で、誰か歌ってくれないか、誰か弾いてくれないかと言いましたら、音楽や声楽をやっている人が、それを歌ったり弾いたりしてくれて、ようやくわかりました。

こういうことなのです。作曲家がいる。作曲して楽譜に写す。しかしながら、わたしのように楽譜が読めない者にとっては、その楽譜は紙くずと変わりはしません。楽譜が書いてあるから、メモ用紙にもなりません。しかしながら、生演奏をしていただくと、わたしのようなものでも、わかります。感動があります。

これですね。お釈迦さまや道元さまという、類《たぐ》い稀なお方がこの世にお出ましくださって、天地宇宙の真理、その中に生かされている人の命の姿に気づかれた。明らかな修行の眼《まなこ》で気づかれた、発見されたわけです。

お釈迦さまや祖師方を作曲家にたとえるなら、「こうなってるんだ。だから、このように生きていこうじゃないか」と教えを説かれたのが、仏教。それを文字にうつしたものが、お経。楽譜にあたります。

みなさんが「かんじーざいぼーさつ　ぎょうじんはんにゃー……」と聞いても、さっぱりわかりませんね。わたしが楽譜を読めないのと同じです。お経は楽譜なのです。みなさん、一生懸命お経を読んでくださいますね。御詠歌のようになりますと、少しはわかりますが、お経の「ギャーティ　ギャーティ」という楽譜だけではわかりませんね。

わたしが楽譜を読めないのと同じに、お経だけではわからない。わたしがこうしておしゃべりするのは、楽譜の解説です。一句でも二句でもなるほどとおわかりいただいたら、ただちに今ここでの実践をしていただく。これが生演奏。楽譜ではわからないけれど、生演奏することで命あるものとなり、生演奏するところに人と人との出会いがあり、そして生演奏の感動があります。

このようにしてお釈迦さまから命がけの生演奏の中で、人格と人格の出会いの感動の中で相続されてきたもの、そしてわたくしどもの手もとまでお届けくださったその系譜が書かれているのが、「血脈」なのだということです。

このたび、みなさまが最後に頂戴できると思いますが、血脈の意味、戒名の意味、授戒の意味をよく心におとどめいただきますように。

たった一度の命を、わたしの人生という大道を、わたしという車を運転していくにあたっての、すこしでも人生道に交通事故を起こさないように、学びつつ、導かれつつ歩んでまいりましょう。そのためにいただくのが戒名であり、鑑として拝ませていただくのが血脈なのだと、そのようにお受け止めいただければありがたいと思います。

第三講　生きる覚悟――「仏法僧」の三宝

まかせ切る

「南無帰依仏《なむきえぶつ》、南無帰依法《なむきえほう》、南無帰依僧《なむきえそう》」とお唱えいたしました。「南無《なむ》」とは、一体何なのか。

インドの代表的なご挨拶が「ナマステー」、「あなたを拝みます」、必ず合掌する。これが「南無」ですね。

「南無帰依」というのは、「南無」が梵語《ぼんご》、インドの言葉です。「帰依」は漢訳《かんやく》されたもの。中国の言葉に訳されたものです。「南無」と「帰依」は同じ意味で、梵語と漢訳されたものを両方使うことを「梵漢兼挙《ぼんかんけんこ》」といいます。

南無という梵語を音だけ写したものを「音写《おんしゃ》」といいます。音に漢字を当てただけですから、「南が無い」という意味ではまったくないのです。

わたくしの自坊は塩尻ですが、塩尻の駅に、たった一階ですが、最近やっとエレベーターができました。そのエレベーターに乗った途端に、一人のご老人が静かに手を合わせて、

「南無とはどういうことでございましょう」

とおっしゃった。

「あぁ、全部、おまかせです」

とお答えし、「ありがとうございました」と御礼をおっしゃり、お別れしました。

一問一答です。たった一階ですから、数秒ですね。数秒しかないその間の一問一答。どのどなたか、存じませんけれども、心に残る一問一答でございました。

〝すべて、おまかせする〟、赤ん坊がお母さんの懐に身をまかせるような、そんな思いですね。

「全部おまかせ」ということで、思い起こすことがございます。可睡齋もご祈祷のお寺でございますけれども、ご祈祷で有名なのは、小田原の「大雄山最乗寺《だいゆうざんさいじょうじ》」、そこのご住職であった余語翠巌《よごすいがん》老師がこんなことをおっしゃったことがあります。

みなさんもご祈祷をお願いされたことがあると思います。わたくしも立場上、大般若などのご祈祷の導師をせねばならないことがあります。家内安全、商売繁盛、病気平癒、良縁満足、入試合格、交通安全……。「人間の欲望の一覧表」が出てまいります（笑）。よくもこれほどと思うほど、欲望の一覧表が出てまいります。それを余語老師がこうおっしゃった。

「小出しに頼まず、頼むなら全部頼みなされ」と（笑）。

一つひとつ頼まずに、頼むなら、全部頼みなされと。その次が問題です。

「全部頼むとは、全部おまかせじゃ。おまかせできたら楽ですぞ」

とおっしゃった。

「全部頼むとは、全部おまかせじゃ」と言いますが、おまかせできますか。気に入ったことだけしか欲しくない。気に入らないものは欲しくない。「条件つき」でしか、わたくしどもは、まかせられません。このへんが、大変むずかしい。

「全部おまかせするということは、全部いただくということ」、「どうなっても結構です」というところに落ち着かなければ、おまかせはできない。これは、むずかしい。

わたくしの弟子の一人が、四十いくつでしたが、癌で亡くなりました。その弟子が晋山《しんさん》式《しき》をする半年前に癌が見つかりました。

晋山式の記念にお授戒もしてと、発表し、準備も整え、お稚児さんまで集めた。その半年前に癌が見つかったのです。

病院に呼ばれました。お医者さまが「来年の三月が節目です」とおっしゃった。その

「節目」というのがわたしにはわかりませんでした。要するに、その頃が危ない、という意味だったんですね。

「三月に晋山式を予定しているんですが……」と言いましたら、「一月に繰り上げられないか」とおっしゃる。「そういうわけにもいきません」と申しました。

後で考えましたら、弟子は一月がいちばん元気でした。二月から容態が急に下降線をたどり、三月の晋山式の頃には、もう歩くことさえできなくなっていました。やむを得ませんので、本人に「元気になったらお授戒もしようね」と言い、総代さんには「申し訳ないけど、晋山式だけやってやってくれますか」とお願いし、お稚児さんやお授戒はやめました。

そんなことで三月を迎えたわけですが、肝心な晋山式のときはどうにもならなくて、病院から車いすでお医者さまや看護士さんがついての法要となりました。山門頭《さんもんとう》で法衣に着がえましたが、立ち上がれないので車いすのままでした。法友が車いすを押しての約二時間の晋山式を、やるにはやりました。お祝いのはずが、横にいたわたくしも、始めから終わりまで泣けて仕方がありませんでした。

晋山式の最後に小参《しょうさん》、問答がありますね。聞く方も聞く方ですが、法友が「病気を何と心得ている」というような質問をしてきました。そのとき、弟子は声をふりしぼるようにして、「全部いただく、えり食いはせぬ」と答えました。これは、心に残っています。

たとえば、みなさんが癌にかかったとします。残された命は幾日もない。そのときに、同じように質問されて「全部いただく、えり食いはせぬ」と言えますか。ちょっと言えるものではないですね。

「全部おまかせ」ということは、いいかえたら、「どうなっても結構です。全部頂戴いたします」。そこに、落ち着かなければ、なかなか「全部いただく」とは言えない。「帰依」ということは、「全部おまかせ」、「どうなっても結構です」、というところに落ち着くことです。

最後の落ち着き場所、人生の「畢竟帰処《ひっきょうきしょ》」という言葉がありますが、途中ではない、その最後の落ち着き場所に落ち着く。どうなっても結構ですというところに落ち着くことができるか。

そしてもう一つご紹介したいお話があります。福井に病院関係のお仕事をされている、Sさんというお方がいらっしゃいました。無量寺にも尼僧堂にも、よくやって来られた。

非常に深い信心を持ったお方でした。

その方が、ある日、丸い石を持って来られた。

「先生、文鎮にでもしてくれますか」と。

「どういう石ですか」とお尋ねしたら、石川平野を流れる手取川が日本海に流れ入る。石は最初から丸くはない。角ばった石は流れ流れて、だんだんと角をとりながら、海の河口までいくと丸い石になります。その丸い石を拾ってきたと言うのです。

わたしが、「ああそう、今度は上流の角かどの石を拾ってきてくれませんか」と言ったら、何やら怪訝《けげん》な顔をしていましたが、上流の角かどの石を拾ってきてくれました。

わたくしは玄関にしばらくの間、角かどの石と丸い石を並べて飾っておきました。お茶の生徒が、

「先生、これはどういう石?」

と言いますから、

「これはね、石は、上流が角かどの石で、流され流れていくうちにだんだんと角と角がぶつかり合って、丸くなって河口にいく。人生修行も、人の中で角をとっていただきながら、『わたくしが』という『我』をとっていただきながら、丸くなる。そんな修行が大事とい

う意味ですよ」

と、話をしたことでした。

しばらくすると、Sさんは今度はその丸い石に「大丈夫」と書いて持って来ました。ああ、大変な言葉だなあ、と思って眺めていました。

この方は、深い信心を持ったお方ですから、明日、手術を控えているとか、検査結果がどうなるかわからないというような、不安を持った人がSさんの顔を見ると、「話、聞いてくれますか」と自分の不安を訴える。

丁寧にお話を聞いたあと、Sさんは、「大丈夫」と書いた丸い石をそっと手渡す。嬉しいですよね。「大丈夫ですね、Sさん」、「大丈夫だよ」と。この次が問題ですよ。「大丈夫だよ」と言って丸い石を持たせた後のSさんの言葉、

「ただし、気まぐれなあなたの思いが満足されて大丈夫なんじゃないよ。病んでも大丈夫。死んでも大丈夫。仏さまの引いてくださったレールから外れっこないんだから、大丈夫なんだよ」

と言って渡すんだそうです。なかなかできませんね。どうですか。明日、どうなるかわからない人に「死んでも大丈夫」と言って渡せますか。たいしたものだと思いました。しっ

かりした信心を持った人にして言える言葉ですね。

安心《あんしん》と「安心《あんじん》」の違いです。凡夫のわたしたちは、自分たちの思いが満足して安心《あんしん》だけど、そんな安心《あんしん》は条件つきだ。手術の結果が良くて、検査の結果が良くて、安心《あんしん》。自分の凡夫の思いが満足して安心《あんしん》ですが、「どうなっても結構です」というところに落ち着くのが、安心《あんじん》です。それがほんとうの意味での「帰依」という、「おまかせ」という意味でもあることを、まずは心にとどめておきましょう。

法を観る

「よりどころ」というところで、もう一つ申しあげておきます。

第二講で「法」というお話をしました。「氵《さんずい》」に、「去《さる》」という。「仏法僧《ぶっぽうそう》」の「法」という話をいたしました。

お釈迦さまのお弟子さんでヴァッカリというのが、臨終になって、この世の最後にもう一度、お釈迦さまのお姿を拝んで死んでいきたいと切に願うんです。けれど、臨終の身体で動くことができない。友だちがかわいそうに思って、お釈迦さまのところへ行って、「ヴァッカリが、いまわの際《きわ》にもう一度、お釈迦さまのお姿を拝んで死んでいきたいと言うので、恐れ入りますがお釈迦さま、足を運んでやってくれますか」とお願いをしました。

お釈迦さまもお歳を召しておられた。それでも足を運ばれて臨終のヴァッカリの枕元へ行って、こうおっしゃった。

ヴァッカリよ
この老いさらばえたわたしの姿を見てもしょうがない
法を観る者はわれを観る
われを観る者は法を観る

と。「人間という業相《ごっそう》を観ないで、法を観なされ」。これがお釈迦さまのヴァッカリへのお教えです。

この「法を観る」。これが大事な姿ですが、しかしながら、その法を間違いなくいただく、間違いなく法に出会うためには、人を選ばなければなりません。人生の正しい師匠を得ることを通して、間違いない法のいただき方をせねばなりません。これは大事なことです。

しかし同時に、人へのつき方として、沢木老師は、

「犬的信者でも、猫的信者でもだめだ」

とおっしゃる。「犬的信者」と「猫的信者」という言い方をされました。

犬というのは人につくそうですね。行く先、行く先、ついて歩く。それを「犬的信者」というんです。この人についていくという師は大事ですよ。だけど、醒めてつかなきゃなりません。ファンのように、のぼせあがってついて行ってはいけない。

もう一つが「猫的信者」。猫は、家につくのだそうです。沢木老師は、本山の後堂《ごどう》をなさったことがある。九州の小さなところに住まわれたときもある。本山の後堂とか、いわゆる地位に就かれたときにやってくる人がいる。そうでないときはこない。まさに「猫的信者」。「どっちもダメだ。『法』につかなきゃならん」、とおっしゃいました。

もう一つ、似たようなお話で、今度は、沢木老師のお弟子さんの内山興正《うちやまこうしょう》老師が、あ

るときこうおっしゃった。

内山老師はあまりお身体がお丈夫でないお方でしたから、とくに晩年になって老人性結核の再発をされた。いろいろなことから、最晩年に、ずっと信者で、参禅に来られていたお方を奥さまとして籍をお入れになった。籍をお入れになったけれど、実際には僧堂生活から自分が隠居してからということで、書類上の籍をお入れになった。それで、みなさんにそれを発表したのだそうです。

わたしのところへ禅の集いで来られたときに、こうおっしゃった。

「青山さん、彼女を籍に入れました。籍に入れた途端に、女性の参禅者がずいぶん減りました。でもそれは、僕の業相についていただけであって、減ってもらってサバサバしましたよ」

とおっしゃった。

「業相」についてはダメで、「法」につかなくてはなりません。

「僕の業相についてきてもしょうがない。僕の法についてもらわんとな」とおっしゃったことがあります。

重ねてお聞きいただければ、お釈迦さまは、

この老いさらばえたわたしの姿を見てもしょうがない
法を観る者はわれを観る
われを観る者は法を観る

と。「まずは法である」。そういうことをおっしゃったことをお伝えしておきます。命がけでこの人についていくということではありましても、業相ではない。その人を通して法につくんだ、ということをまず心にとめておきましょう。

天地いっぱいの働き――一体三宝とは

説戒のはじめにわたしがお唱えする言葉、

「三宝に三種の功徳あり、一体三宝《いったいさんぼう》、現前三宝《げんぜんさんぼう》、住持三宝《じゅうじさんぼう》これなり」

のお話に入らせていただきます。

これは仏法僧の三宝を三つの角度から読み上げたもので、「一体三宝」がいちばんの原点です。

第二講の中で、「仏法」、「仏教」、「仏道」というお話をいたしました。その仏法にあたるいちばんの原点は天地の道理です。教えの原点である天地宇宙の姿を「一体三宝」という言葉でとり上げている、とまずお受けとりください。

気づく気づかずにかかわらず行われている天地の姿、それが「一体三宝」、原点ですね。東井義雄先生が、このような詩（『目がさめてみたら』）をつくっていらっしゃいます。

目がさめてみたら
生きていた
死なずに
生きていた
生きるための
一切の努力をなげすてて
眠りこけていたわたしであったのに

目がさめてみたら
生きていた
劫初以来
一度もなかった
まっさらな朝のどまんなかに
生きていたいや
生かされていた

眠りこけているということ、わかりますか。熟睡していること、熟睡していることさえ意識にのぼらない。「熟睡のとき、熟睡を知らず」といいますけれども、それほどによく眠りこけている間も、わたしを生かしつづけていてくださるお働き、天地総力をあげてのお働きをいただいております。

こういう天地宇宙いっぱいのお働きをいただいて、一輪のスミレが咲く。わたくしもそのお働きをいただいて、眠りこけていても、眠りが足りたら醒めることができる。そういう天地の働きそのものの原点。これが、「一体三宝」だと受け止めてください。

お釈迦さまから始まる――現前三宝について

それから、二つめは「現前三宝」です。

気づく気づかないにかかわらず、行われている天地の働き、その働きによって生かされているお互いの命の姿、これが原点である「一体三宝」ですね。

しかし、気づかなければ仕方ありません。そのことに明らかな修行の眼《まなこ》で気づかれた歴史上の「仏法僧」の三宝、それが「現前三宝」です。

まずはお釈迦さまが、明らかな修行の眼《まなこ》で、それに気づかれた。「天地はこうなっている、その中で人の命はこのように生かされている。だから、こう生きていこうじゃないか」と気づかれた。現前三宝の「仏」はお釈迦さまです。

そのお釈迦さまが、天地はこうなっているんだ、だからこう生きていこうじゃないかと、人間の言葉をかりてお説きくださった仏教の教え。それが現前三宝の「法」です。

そのお釈迦さまと、お釈迦さまの教えに帰依して、まずは五比丘《ごびく》からはじまり、舎利弗《しゃりほつ》、目連《もくれん》……と、多くのお釈迦さまのお弟子さんたちの仏教教団ができました。これが現前三宝の「僧」です。いわゆるサンガ=僧伽《そうぎゃ》ですね。

二千五百年前、天地の道理に目覚めたお釈迦さま、それが現前三宝の仏。そして二千五百年前、天地の道理をお説きくださって教えとなった、それが仏教、すなわち現前三宝の法。そして、そのお釈迦さまと教えにしたがって、一緒に修行していこうという弟子たちのグループができた。それが現前三宝の僧です。

歴史上の現前三宝で、まずはお釈迦さまが明らかな修行の眼《まなこ》によって天地宇宙の真理に目覚めた。そこで思うのですが、人類の歴史というのは、天地の声をどう聞いたかの歴史でもあろうと思うわけです。

たとえば、お釈迦さまはご存知のように、十二月八日に、明けの明星を見てさとられたと伝えられています。奈良の薬師寺の橋本凝胤《はしもとぎょういん》僧正は、このようにおっしゃいました。「十二月八日、インドに行きまして、お釈迦さまがおさとりになったブッダガヤの菩提樹の下で坐禅をして明けの明星を見たけれども、わしはさとることができなかった」と（笑）。そんな話をされたことがあります。

同じものを見ても、聞ける者、見える者、聞けない者、見えない者。その一つのものをどういただくか。

尼僧堂でこんなことがありました。尼僧堂は名古屋のど真ん中にありますが、非常に豊かな緑があり、静かないい場所にあります。緑が多いということは落ち葉も多い。晩秋の頃、朝のお勤めが終わって、玄関を通って廊下へ出ました。庭は落ち葉でいっぱいです。わたくしは落ち葉の景色を見ながら、大智《だいち》禅師の偈を思い出しておりました。

無情説法《むじょうせっぽう》、有情《うじょう》聴く

風、寒林を攪《かく》して、葉、庭に満つる

落ち葉が庭いっぱいに落ちたことから無常を学ぶ、天地の声を聞く、というような意味です。

わたしは、その大智さまの偈を思い浮かべながら、庭いっぱいの落ち葉を眺めておりました。一人の雲水がわたしの後ろを通りながら、「ああ、掃除しなきゃならんなあ」とつぶやいて通り過ぎていきました（笑）。

同じ落ち葉を見て、天地の声を聞くか、愚痴の種にするかで、全く違った世界が展開します。このように、わたしたちは天地の姿から何を聞くか、何を学ぶか。聞かない者には何も聞けない。

道元禅師は、こうおっしゃっています。

声なきを恨まず　耳なきを愧《は》じる

天地が法を説き続けているけれど、こちらには見る眼も、聞く耳もない。

ニュートンがリンゴの落ちたのを見て、引力を発見した。科学の眼《め》、科学の耳です。わたくしはリンゴが落ちたことしか、何も見えない、聞こえないと思うのです。

このように、心の眼《まなこ》や耳を開いた人には、天地の声が聞こえます。

二宮尊徳の言葉、

音《ね》もなく　香《か》もなく　常に天地《あめつち》は　書かざる経を　くりかえしつつ

天地宇宙が語りづめに語ってくれる。全部見せてくれている真実の言葉、姿。しかし、聞く耳、見る眼のない者には何も聞こえてこない。一つ間違ったら、愚痴の対象にしか受け止めない。

というように、天地いっぱいが説きづめに説いている。それが原点の「一体三宝」です。それを聞いて、具体的な人間の言葉として説きあかしてくださった、それがまずお釈迦さま（仏）。そして、それを説かれた教え（法）、そのお釈迦さまとその教えにしたがって修行していこうというお坊さんのグループができた（僧）。それが歴史上の仏法僧の三宝、「現前三宝」です。

相続する――住持三宝とは

しかし、どんなにお釈迦さまが天地の姿に目覚め、その声を聞き、教えを説き残してくださっても、二千五百年、今日《こんにち》まで相続してくださったお方々の努力がなかったら、わたくしどもの手もとまでは届きません。

たとえば、羅什三蔵《らじゅうさんぞう》、玄奘三蔵《げんじょうさんぞう》や多くの方々が、命をかけて砂漠を往来しながら仏法を中国へとお伝えくださった。

さらには中国から日本へと、たとえば、鑑真和上《がんじんわじょう》は、いく度《たび》もいく度《たび》も難船して、眼が見えなくなっても志を捨てずに、日本に仏法をお伝えくださった。

道元禅師もそうですが、限りなく多くの方々の、命をかけた往来によって、人格相伝というかたちで、仏法をこのわたくしどもの手もとまでお届けくださったのです。どんなにお釈迦さまがすばらしい天地の姿に目覚めて説き残されても、それを相続する方がなかったら、消え去っております。

人格相伝によって、生演奏の感動の中で、わたくしどもの手元まで届けてくださったという、それが「住持三宝」なのですね。住持三宝の仏法僧です。

お寺に住んでいるから「住持」というのではありません。「法に住し、法を護持《ごじ》する」から「住持」なのです。お寺に住んでいる人を「住持《じゅうじ》さん」と呼びますが、そんな簡単な話ではありません。「法に住し、法を護持する」から住持なんです。

どんなにお釈迦さまやその教団の方々がすばらしい生き方をしても、そこで消えたらどうにもなりません。二千五百年の今日《こんにち》まで、わたくしどもの手元までお届けくださった方々のお力によるのです。それが住持三宝の「僧」なのです。

少し話がそれますが、インドはお釈迦さまの国であり、見事に遺跡は整っていますけれど、生きた仏法の働きはありません。玄奘三蔵がインドへ道を求めて行かれた頃、ナーランダというところは大変な仏法の学問の都でした。その頃までは、インドは盛んに仏法が行われていましたが、それから後、何百年と、イスラムの王さまがインドを治めていた。

イスラム教というのは、偶像を破壊します。仏像は偶像ではありません。働きの象徴なのですが、姿としてはいろいろな偶像の姿をとります。インドへもし行かれましたら、インドにある仏像のほとんどが鼻が欠けていることに気づくでしょう。威厳の象徴である鼻を手作業で欠いたのはイスラム教徒なんです。今ならダイナマイトで破壊されてしまうから何も残りませんが、さいわいに手作業程度で済んでおりましたから、鼻を欠くくらいで済んでいます。

そして仏教徒たちは、イスラム教徒から、お釈迦さまの遺跡を守るために土に埋めたんですね。クシナガラのお涅槃の仏像は五、六メートルほどもあるのではないでしょうか。それも土の中に埋められていたんですね。その後、インドはイギリスの植民地になりました。

仏教は、さいわいに中国、日本へと相続され、今、世界的に仏法は見直されております。先だっても、ドイツの日本大使がやってきまして、『西は東から何を学ぶのか』という本を書いたお方ですが、非常に仏法に関心を持っていらっしゃった。今、欧米で、真剣に仏法が求められています。

しかしながら、ジャングルの下で久しく眠っていたお釈迦さまの遺跡を見事に発掘、検証してくれたのはイギリスの方々、カニンガム博士を中心とする英国の考古学者たちです。それも、漢文で書かれた『大唐西域記《だいとうさいいき》』を頼りにして、お釈迦さまの遺跡を丁寧に発掘して検証してくださったのです。

『大唐西域記』とは、玄奘三蔵がインドで十八年の歳月をかけて、仏教の勉強の合間を縫って、お釈迦さまの遺跡を徹底的に訪ねて、地図まで残されたものです。ですから、インドのお釈迦さまの遺跡は、現在、見事に整備発掘されております。

けれども「遺跡」があって、生きた仏法の働きがないのは、非常に残念です。これは、今、申したように、途中で相続する人がイスラム教徒になってしまって、絶えてしまったからです。

このように、どんなにお釈迦さまがすばらしい教えを説き残されても、生演奏で相続してくださる人がいないと消え去ります。インドから中国へ、中国から日本へ、そして現在は日本から欧米へと、真剣に欧米の方が学びに来ています。こちらからも行く、向こうからも来る。そういうことで、人の背に背負われて法は相続するのです。

「理仏」と「事仏」

「住持三宝」の仏《ほとけ》というのは、一つは仏像のかたちをとったものです。先ほど申しましたが、仏像の形をとっていても、仏教の場合は、偶像ではない。働きの象徴です。ただし、念のために申しあげておきますが、仏像は「理仏《りぶつ》」と「事仏《じぶつ》」の二つに分かれます。

「理仏」というのは理論的、象徴的な仏《ほとけ》です。天地いっぱいの働きを象徴したもの。毘盧《びる》遮那仏《しゃなぶつ》とか、大日如来《だいにちにょらい》とか、阿弥陀如来とか、観音さまとか、そういうお方々は全部、「理仏」で「象徴」です。具体的に歴史上にお出ましになった方々ではない。

歴史上に現れたお釈迦さまとか、達磨さまとか、そういう方々を「事仏」といいます。

みなさんのお寺ないし、檀那寺《だんなでら》のご本尊がお釈迦さまだったら、それは歴史上の仏で、「事仏」なのです。

たとえば、お釈迦さまを中心にした「両脇立ち」があります。先だって、岩国の方へお話に行きましたが、そのお寺は両脇立ちが摩訶迦葉《まかかしょう》さまと阿難《あなん》さまでした。

摩訶迦葉さまは、お釈迦さまの仏教教団のあとを相続された方です。「頭陀第一《ずだだいいち》」といわれて、ガリガリのやせたお姿をしていらっしゃいます。

阿難さまはお釈迦さまのお従兄弟さんで、「常随侍者《じょうずいじしゃ》」で、美男の誉れが高く、女難の相があったお方で、大変美しい姿で描かれている。

どちらも歴史上お出ましになった「釈迦三尊《しゃかさんぞん》」ですから、「事仏」でまとまっているわけです。

ところが、お釈迦さまを中心に、脇持が文殊菩薩《もんじゅぼさつ》、普賢菩薩《ふげんぼさつ》であるお寺も多いです。文殊菩薩と普賢菩薩というのは象徴ですね。お釈迦さまの働きを象徴的に表現したもので、歴史上にお出ましの方ではない。それを「理仏」と呼びます。このように、仏像を大きく分けると、「理仏」と「事仏」に分かれます。

さらにその天地の働きを「理仏」として象徴するとき、大日如来とか、阿弥陀如来というように、「如来」とお呼びする方は、男のお坊さんの姿を借りて象徴的に表現します。一方、菩薩とお呼びする方は、インドの貴婦人の姿を借りて表現します。ですから、サリーをお召しになって瓔珞《ようらく》と冠《かんむり》をつけていらっしゃいます。

お地蔵さまはちょっと別です。お地蔵さまは菩薩ですから、普通の菩薩像もありますが、だいたいは「僧形《そうぎょう》」です。お坊さんの姿が多い。

しかし、一般的に菩薩とお呼びするお方は、冠《かんむり》をつけて、瓔珞《ようらく》をつけて、サリーをお召しになっています。

ですから、インドへ行きますと、貴婦人たちがサリーを着て歩いていらっしゃる。「ああ、菩薩さまが歩いているなあ」と思うような姿です。

いわゆる、如来とお呼びするお方は男のお坊さんの姿を借り、菩薩とお呼びするお方はインドの貴婦人の姿を借りて象徴的に表現されたと思ってください。

よき友の力――サンガと僧

「住持三宝」の「法」は黄巻赤軸の文字に表された経典として、また経・律・論の三蔵として伝えられたものといえましょう。

問題は、「住持三宝」の「僧」です。「僧」というのは、サンガ＝「僧伽《そうぎゃ》」という音写を略したもので、もとは梵語ですね。「和合衆《わごうしゅ》」とも訳します。「衆」といいますから、複数名詞です。兵隊さんは一人では兵隊とはよびません。隊を組んでいるから兵隊であるように、お坊さんももともとは一人では僧とはよびません。複数名詞であるということも、ちょっと心にとめておきましょう。

「僧」、サンガが複数名詞ということで思うのですが、「お釈迦さまは一人の人間の弱さをご存知だったのではないかな」とわたくしはひそかに思うのです。一人では自分に負けてしまう。志を同じくするものが少なくとも三人以上いることで、助け合って、歩むことができる、そういう意味ではないかと思います。

沢木老師がこうおっしゃいました。

「冷たい火鉢の灰の中に小さな火種をばらまいたら、消えてしまうだろう。小さな火種でも、まとめたら大きなお家を焼くほどの力になる。それがサンガなんだ」と。

誰しも一分《いちぶん》の「道心《どうしん》」を持っている。道を求める心。常に向上しようという道を求める心は持っている。けれども、世間の冷たい中にばらまいたら消えてしまうだろう。けれど、まとまると大きな火種になる、力になる。火鉢の火種にたとえてのお話をされました。

まことに、その通りですね。わたくしも、自分のそういう弱さを知ればこそ、放っておいたら楽な方に流れるに決まっている自分を知ればこそ、大学で十一年も遊んでいたのですが、まっすぐ、迷わず名古屋の修行道場に戻りまして、すでに五十余年経ちました。この頃は、若い者についていけず、もたもたしております。みんなの迷惑になるだけの自分ではありますけれども、道場においていただくおかげで、どうにか歩ませてもらうことができる。みんなのおかげです。

志を同じくする者の中に身をおくことによって、自分の力以上に、この道を歩ませてもらうことができる。それが「サンガ」の力なんです。よき友だちの力なんですね。

お釈迦さまはそういう人間の弱さをご存知だったと思います。「志を同じくする者と共にいなされ」と。それが、サンガ、僧という意味、複数名詞の意味なのです。

そこで一つ、心にとめておきたいことがあります。人に背負われて法は相続するわけですから、その「人」が問題なんです。

道元さまは、

「われわれの一挙手一投足に、仏さまが頭出《ずしゅつ》頭没《ずぼつ》する」

とおっしゃっておられる。「われわれの生き方ひとつで仏さまがそこにいきいきと現れたり、仏さまを殺してしまったりする」というような意味のお言葉です。

お授戒では「四衆《ししゅ》」という呼び分けをしておりますね。

「比丘《びく》」、「比丘尼《びくに》」、「優婆塞《うばそく》」、「優婆夷《うばい》」を「四衆」と申します。男性のお坊さんは「比丘」、女性のお坊さんは「比丘尼」。それから、「優婆塞」はふつうの在家の生活をされながら仏法に生きようとする男性、「優婆夷」は在家の生活をしながら仏教の生き方で生きようとする女性のことをいいます。四衆によって仏法は相続されてまいりました。

聖徳太子が『三経義疏《さんきょうぎしょ》』を残されました。三経とは『法華経』と『維摩経』と『勝鬘経《しょうまんぎょう》』です。聖徳太子は立場上、ご自分は出家できる立場ではなかった。要するに、政治を司らなければならない立場にあられたわけですからね。おそらくそれがなかったら、聖徳太子は出家しておられたかもしれません。摂政の宮として出家できない。ということで、在家のままで仏法に生きるお手本として、インドの維摩居士《ゆいまこじ》に着目された。

維摩居士は、在家のままでお坊さん以上の生き方をしたわけですから、その維摩居士を自分のお手本として『維摩経《ゆいまきょう》』を講じられた。それから、在家の女性のままで仏法に生きようとする人のお手本として、『勝鬘経』を講じられた。勝鬘夫人《しょうまんぶにん》は、コーサラ国のハシノク王とお妃のマッカリ妃の娘さんです。厚くお釈迦さまの仏法に帰依した勝鬘夫人を、在家で女性の生きるもののお手本として『勝鬘経』をとり上げたわけです。

法を伝える姿——自戒をこめて

内山興正老師がこんなお話をされたことがあります。非常に熱心に坐禅においでになったお方が、遠隔にお住まいで、遠いがためにしばしば来られない。ある日、内山老師に、「自分の坐禅が、間違った坐禅をしてはいけないけれども、どうしたらいいか」と質問された。老師はこう答えたというんですね。

「たとえば、『仏法』の『ぶ』の字も知らないあなたの奥さんやお子さんが、お父さんが坐禅をするようになったら、あるいは仏法のお話を聞くようになったら、『とても素晴らしい、いいお父さんになった。ああいうお父さんになれるようなら、わたしも仏法のお話を聞こう、わたしも坐禅をしよう』と、そういうふうなあなたのありようなら、あなたの仏法や坐禅が間違っていない証拠だ。

ところが、お父さんが仏法を聞いたり、坐禅をするようになったら、そばへ近寄りがたくなった、それじゃあ、間違いなんだ。いちばん間違いなく仏法や坐禅を受け止めているかどうかを証明するのは、『仏法』の『ぶ』の字も知らないあなたの奥さんやお子さんなんだ」

お父さんが、仏法の学びをし、坐禅をするようになったら、いいお父さんになった、ああいうお父さんになれるなら、わたしも坐禅をしようか、仏法を聞こうかと。そういう坐禅や仏法なら、あなたの仏法の受け止め、坐禅の受け止めは間違いない証拠だ、と内山老師がおっしゃったと。これです。

これと反対のお話があります。わたしども僧侶自らの自戒として聞かねばならない話です。

わたしが東京の生活を引き上げて、信州に戻りまして、すぐにお茶と坐禅と、両方に入門してきた生徒がおりました。非常に熱心に通われていました。密かにお坊さんになりたいと思っていたらしい。「尼僧堂に入るには、頭を剃るにはどれくらいのお金が要るか」ということも調べて貯金もしておりました。

しかしながら、最終的にご両親、とくにお父さんがどうしても許してくれない。それでわたしに会わせたら何とかなると思ったようで、ある日、ご両親を連れてまいりました。ところが、お父さんは最初からわたしと話をする気はまったくないのです。娘を誘惑したわたしを怒鳴りまくったわけです。わたくしが、お抹茶を点ててさしあげたのですけれど、お茶が入ったままのお茶碗を畳にたたきつけてお茶碗を壊した。そしてお父さんはその破片で手を切った。わたくしは怒られながら手の治療をしてあげたんですが（笑）。

そして、そのお父さんはわたしのまわりを怒鳴りながら、約二時間、怒鳴りまわっていました。その中のひと言にこういう言葉が入っていました。

「娘を坊主にでもしたものなら、俺は恥ずかしくて町も歩けない」

わたくしはこの一言を、「すまんなあ……」と思って、頭を下げて聞きましたね。「娘を坊主にでもしたものなら、俺は恥ずかしくて町も歩けない」と、そんなふうに思わせたのはわたくしどもも、坊さんの姿勢がそう思わせたのですから、自業自得です。

坊さんになったことを自慢として、誇りとしていなければならないのです、ほんとうは。

ところが「坊主にでもなったものなら、恥ずかしくて町も歩けない」。これではいけません。しかし、そういうふうに思わせたのは、坊さんですからね。わたしたちが自らを深く反省しなければならない。

坊さんは最高の生き方をする者、最高の誉れ、悦びでなければならないはずです。まことにお釈迦さまや歴代の祖師方に「あいすまん」と思いました。

ひたむきに、この二千五百年を相続してくださり、わたくしどもまでお届けくださった、その仏法や祖師方を、生かすも殺すもわたくしどもの、毎日の生活のありようなんだということを、「われわれの一挙手一投足に、仏さまが頭出頭没する」とはそういうことなのだと心にとめておかねばならない。わたくしども何気ない生活の一つひとつに、このすばらしい教えが生きもすればダメにもなるんだ、ということを心にとめておかなければならない。

わたくしが何年か前に作りました歌ですが、

かしこみて伝えまつらん後《のち》の世に
君が掲《かか》げし法《のり》のともしび

心してお釈迦さまの教えを、二千五百年相続してくださったこのすばらしい教えを、次の世に伝えていく。その法のともしびを曲げてはならん、弱めてもならん。なにとぞ、曲げず、弱めず、次の世に、あるいは世界に伝えるのが、わたくしども一人ひとりの責任なのだ。それが「住持三宝《じゅうじさんぼう》」、わたくしどもの責任なんだと忘れてはならないと思います。

道元禅師の三宝

道元禅師の「三宝」について触れておきたいと思います。
道元禅師は、仏法僧の「三宝」を身近に引き据えて、

仏《ほとけ》はこれ大師《だいし》なるがゆえに帰依《きえ》す
法《ほう》は良薬《りょうやく》なるがゆえに帰依《きえ》す
僧《そう》は勝友《しょうゆう》なるがゆえに帰依《きえ》す

と示されました（『修証義《しゅしょうぎ》』）。まずは、「仏はこれ大師」、師匠ですね。人生の正しい師匠を求める。「人生は師を求めての旅」といえる一面があろうと思います。

道元禅師は、こうおっしゃった。

「正師《しょうし》を得《え》ざれば学《まな》ばざるに如《し》かず」（『学道用心集』）

人生の正しい師匠を得ることができなかったら、むしろ学びなさんな、と。

人生の師匠と弟子を材木と大工にたとえて、

「どんなに良い材料でも、目のない、腕のない大工に出会ったら、台なしにされるだろう。どんなに節だらけで曲がっていても、目のある、腕のある大工に出会ったら、節を活かし、曲がりを活かしてくれるだろう。だから、人生の正しい師匠に出会うことができなかったら、むしろ学ぶな」

とおっしゃった。

さいわいに、わたくしはありがたいことに、十五歳で出家したそのはじめにお出会いできたのが、沢木興道老師でした。生涯、沢木老師が亡くなるまで十七、十八年ほど、沢木老師を眼間にすえて生きてまいりました。

老師亡き後、多くの方とお出会いしましたけれども、冷静な眼で脚下《あしもと》を見続けてくださる師匠を持ち続けたいと思い、つぎに、さいわいにお出会いできたのが、沢木老師の一番弟子である内山興正老師であり、それから尼僧堂には余語翠巌老師をお迎えできました。非常に多くのお方とのご縁をいただきましたが、とくにこのお三方は、わたくしが終生、お慕い申しあげてきたお方々です。

しかし、そこで問題は、正しい師を選ぶのは、選ぶ眼のないわたしであるという点です。選ぶ眼がなかったばかりにとんでもないことになった一つの例をお話しいたしましょう。

オウム真理教が大騒ぎをしている時期のことです。信州の無量寺の坐禅会に、ある日、一人の青年が来ました。

わたくしのところの参禅会は、夜の七時から八時まで坐禅をして、八時から十時まで講義。そして、十時から人生相談、「深夜便」です（笑）。

その十時からの人生相談に残られた。

「先生、少し話を聞いてください」

青年から一冊の本を渡されました。『オウムよりの帰還』という立派な本でした。高橋という青年、「これはわたくしが書いたものです」と。

信州大学で宇宙物理学かなにかを専攻した、非常に優秀な青年なんですが、「学問の孤独に堪えかねて、麻原を正師と見誤《みあやま》って入ってしまいました。選ぶ眼のなかったわたしに誤りがありました。いち早く間違いに気づいて出てまいりました。宗教的無知の中に入ってしまった、間違ったものの見方を訂正するのに、今、必死です。教えてください！」

血を吐くような悲痛な叫びでした。びんびんと受け止めてくれました。

「まだ情報が伝えられずに修行を続けている仲間がおります。間違っているから出て来いと言っています。連れて来ていいですか」と言うから、「どうぞ」とは言いましたものの、オウム側にとっては背反者ですから、たぶん身の危険があったのだと思います。のち、姿を消され、その後どうしたかはわかりません。この高橋青年、「阪神大震災は学理上、わたしが予言をいたしました」と言っていました。それを麻原が自分の予言のようにしただけの話のようです。

さいわいに求める心が起きた。つぎに大事なことは、間違いのない師匠を選ぶこと。これが道元さまの「正師を得ざれば学ばざるに如かず」。最初の「仏はこれ大師なるがゆえに帰依す」、まさにこれですね。

お釈迦さまは『法句経《ほっくきょう》』の中で、

茅《かや》をつかみそこぬれば
その手を傷つくるがごとく
誤れる求道《ぐどう》は人を破滅に導く

とおっしゃっておられます。

わたしなどは、信州の山の中で育ちましたから、わらび狩りなどによく行きました。転びそうになって、不用意につかんだ草がすすきとか茅だったら手を切るように、人生の旅の中で転びそうになって不用意につかんだ教えが間違った教えだったら、一生台なしです。

「正師を得ざれば 学ばざるに如かず」のお心です。

二つめが「法は良薬なるがゆえに帰依す」。

お釈迦さまは、よく病人と薬にたとえられましたね。病気は辛いほど、待ったなしに求めようとする。薬を飲もうとする。医者に行こうとする。切なる求める心が起きる。病気のおかげで、悲しみ苦しみのおかげで、求める心が起きる。そして、間違いのない師をつかむ。これが大事なんですね。

最後は、「僧は勝友なるがゆえに帰依す」。勝友とはよき友ですね。友ということで、お釈迦さまはこんなたとえをおっしゃっています。


道を歩いておられたところ、縄が落ちていた。一人の弟子に向かって、

「その縄を拾ってごらん。どんな匂いがするかね」

「嫌な匂いがいたします」

しばらく行って、今度は紙が落ちていた。ひとりの弟子に、

「その紙を拾ってごらん。どんな匂いがするかね」

「いい香りがいたします」

たとえば、そのように、

「この縄は最初から嫌な匂いだったわけではなかったけれど、何か腐ったものか嫌な匂いのするものを縛ったばかりに、縄も嫌われる縄になった。紙は最初からいい香りがしたわけではなかろうけれども、いい香りがするものを包んだばかりに、人々に好まれる紙になった。そのように、お前たちもよき友を持たなきゃならんよ」

お釈迦さまの教えはまことに具体的ですね。道元さまは、こういう説き方をされました（『正法眼蔵随聞記』）。

霧の中を行けば覚えざるに衣《え》しめる。よき人に近づけば覚えざるによき人となるなり。

霧深き中を歩いていると、自然と着ているものが湿っぽくなるように、よき師、よき友の中にいると、おのずからよくなる。この、おのずからよくなるという、しみとおってゆく深さが大事です。

しかしよき師、よき友、よき教えに出会うためには、アンテナが立っていなければならないということを一つ申し添えておきたい。

名古屋のわたくしの道場に、だいぶ前のことですが、「新入社員研修」ということで、エリートらしき青年が、二十人、一日だけですが来ました。はじめての青年のために、わたくしは、

「仏法というものは、特別なものではありません。たった一度の命をどう生きるかという

ことですから」

と、専門の言葉は一つも使わずに、わかりやすい話をしたつもりなんです。坐禅二度と、二度のお話を済ませて、夕方、茶話会で感想を述べてくれました。二十人のうちの十九人までが、「足が痛かった」ことのほかは、何も聞こえていなかったんですね。これほど聞こえないんだと思うくらいに、聞こえていませんでした（笑）。雲水たちが「幸せすぎてアンテナが立っていないんですね」と言っていました。

その中で、たった一人、重病を患った青年が、

「自分の病の悲しみを通して、今日のお話は心に染みました」

と言ってくれました。これなんですね。悲しみ苦しみに導かれて、アンテナが立って、それで師に出会え、教えに出会える。

『法華経』の『寿量品《じゅりょうほん》』というお経の中に、「常懐悲感《じょうえひかん》　心遂醒悟《しんすいしょうご》」という言葉があります。悲しみに導かれることによって心が醒めて、本気で求める気持ちが起きる、という意味です。

先ほども申したように、病気は辛いほどに、夜中であろうと、なんであろうと、待ったなしに医者へ行こうとする。医者の言うことを聞こうとする。薬を飲もうとする。これが

アンテナです。みなさんも人生の中で辛いことがありましたら、逃げない。アンテナを立てよ、という仏さまからの慈悲のプレゼントと頂戴して、立ち上がっていただけるとありがたいと思います。

道元禅師の身近に引き据えての仏法僧《ぶっぽうそう》の三宝《さんぼう》、少し急ぎ足でしたが、お伝え申しあげました。

第四講　「命の方向づけ」——「三聚浄戒」について

「仏子の自覚」

くり返し申しあげてまいりましたように、仏教は仏になる教えではなくて、はじめから仏さまの命をいただいて生きていることへの気づき、目覚める教えなんだということを、よくよく心に刻んでいただきたい。

わたくしのお茶の生徒で、もう、五十年近く皆勤・精勤を続けている生徒がおります。五十年というと、いいお歳です。娘時代から来ていて、もう孫ができております。子どもを三人産み育てる間も、産んだときに休んだだけ、という皆勤を続けてきた生徒です。三人目の子どもを産んだとき、お母さんに預けてお茶事《ちゃじ》の水屋の手伝いに来ておりまして、ふと、「赤ちゃんがお腹すいていると思いますから、オッパイをやりに行ってきます」と言って、オッパイをやりにいきました。

「赤ちゃんのお腹が空くときが、お母さんのオッパイが満ちてくるとき」なんだそうです。命が二つにわかれていても、一つの命の働きをしているということを知って、感動いたしました。

しかも、赤ん坊がだんだん成長していくにしたがい、必要に応じてオッパイの栄養が変わっていくのだそうです。すごい話ですね。

そういう働きを、天地から授かっているのですね。そういうすばらしいお働きを、気づく気づかずにかかわらず頂戴している。感動です。

アメリカから来た修行僧が、ある日やって来まして、「先生、『信』ということがわかりません……」と質問してきました。

わたしは、「気づかないほどの深さで天地いっぱいに生かされているその働きを信じ、まかせている」と語りました。

眠りこけている間も、間違いなく生かしてくださっていることを信じて眠りこけておりますね。眠っている間に「死なないかしら」と心配している人は、よほど病気でもない限りいないわけです。おまかせです。眠りが足りたら覚めることも、信じて疑わない。というほどに、意識にものぼらないほどの深いところで、その働きを信じてまかせている。

良寛さんの詩に、

花無心にして蝶を招き
蝶無心にして花を尋ぬ
花開く時蝶来たり
蝶来たる時花開く
吾れもまた人を知らず
人もまた吾れを知らず
知らずして帝則《ていそく》に従う

という五言の詩があります。花が開くとき、ミツバチや蝶たちが冬眠から覚めて花の蜜を頂戴に来る。供養したとも思わず、供養してもらったとも思わず、無心にして蜜を頂戴し、お返しするとも思わずに、花粉の媒介をする。みごとな天地の大調和の姿です。

この詩の結びが、「知らずして帝則に従う」。意識にものぼらぬところで、天地の道理にちゃんとしたがっているというのです。

お母さんのオッパイが満ちてくるとき、赤ちゃんのお腹が空くときと、ぴたっと呼吸が一つに合っている。花の蜜が美味しくなった頃、ミツバチたちが冬眠から覚めて蜜をいただきながら、お返しとして花粉の媒介をする。天地のみごとな大調和の姿です。そういう働きを、地上のすべてのものが同じく頂戴している。それを仏の命をいただき、仏のお働きをいただいているというのです。

気づく、気づかないにかかわらず、その働きをいただき、使い抜かせていただいている。そのことに気づきましょう。もともとから、御命《おんいのち》をいただいている者であるけれども、それを自覚する、気づかせてもらう。それを仏子《ぶっし》の自覚といいます。

第三講でお話し申しあげた「一体三宝《いったいさんぼう》」、「現前三宝《げんぜんさんぼう》」、「住持三宝《じゅうじさんぼう》」、そして道元禅師の身近に引き据えての三宝のお話は、仏子の自覚を説くものといえましょう。

今回は、「十六条ノ戒法」の中の「第一摂律儀戒《りょうりつぎかい》」、「第二摂善法戒《しょうぜんぼうかい》」、「第三摂衆生戒《しょうしゅじょうかい》」という「三聚浄戒《さんじゅじょうかい》」のお話をさせていただきます。

仏子の自覚を持った者の生きざまはどういう生き方かという、もう一歩進んだお話です。みなさんは、今、北海道大学になっている前身の「札幌農学校」を開くにあたって、アメリカからクラーク博士という方をお招きしたことはご存知ですね。そのクラーク博士の有名な言葉が「ボーイズ・ビー・アンビシャス（青年よ大志を抱け）」。

このクラーク博士を招くにあたって、札幌農学校の当事者が、「ああしてはならん、こうしてはならん」という校則をいっぱいつくろうとしたんだそうです。

そうしましたら、クラーク博士は、「なんにもいらん」、『ビー・ジェントルマン（紳士たれ）』、それ一つあればよい、といったと伝えられています。要するに、紳士としての自覚があれば、おのずから調うというのですね。あれをしてはならん、これをしてはならんと、いくら校則をつくっても、自覚がなければどうにもならない。「『ビー・ジェントルマン』、紳士としての自覚があれば、おのずから調うから、校則など一つもいらない」と言ったという話を聞いたことがあります。

まさに、これですね。仏子としての自覚があれば、おのずから調う。

「天地いっぱいのすばらしい命を頂戴し、その働きを二十四時間、使い抜かせていただいていたんだな」ということに気づいたら、つまらない方へ使えなくなる。鬼を出してはいけないのではない、出せなくなる。おのずからにして、このすばらしい命を頂戴したことにふさわしい生きざまをしないではおられなくなる。これですね。してはいけないではなく、できなくなる。この方が大事な姿なんです。

たとえば、「戒律」という言葉がありますが、「戒」と「律」の違いは、「律」というのは「してはならぬ」と他律的にいわれる場合で、「戒」は自分からしないではおれなくなるもの。この違いのようです。

大変な命をはじめから授かっていたんだなあ、と気づいたら、おのずから悪いことはできなくなる。鬼は出せなくなる。これがまず、大事なことでしょう。そこをクラーク博士は、「紳士の自覚さえあればおのずから調うので、校則はいらない」と言ったのです。同じような心かと思います。

その「命の方向づけ」ということで、少しお話を展開したいと思います。

欲は命のエネルギー

やはり、だいぶ前ですが、愛知県の豊明《とよあけ》というところへお話にまいりました。「青少年健全育成市民大会」という会に招かれまして、市長さん以下五百人ほどがお集まりでした。その壇上に、「愛の手で非行の芽を摘もう」というスローガンが掛かっていました。

わたしは開口《かいく》一番、

「このスローガンが気に入らないです」

と文句を言いました。

「『愛の手で、良い芽を伸ばそう』。というものでなければダメなんじゃないですか」

と。「摘もう」というのと、「伸ばそう」というのでは姿勢が違いますね。

「誰しもよいところを持っている。摘むことしか考えなかったら、伸ばす場がない。誰しもよいところを持っているから、そのよいところを限りなく伸ばすことさえ考えたら、横へ出る芽はなくなる。ところが、摘むことしか考えなかったら、芽のいき場所がない。『愛の手で非行の芽を摘もう』ではなくて、『愛の手でよい芽を伸ばそう』というのでなければダメじゃないでしょうか」

と、まずは申しあげました。そして、こんなお話をしました。

『次郎物語』を書いた下村湖人《しもむらこじん》に、こういう詩があるんですね。

あなたとわたしとは
今、薔薇の花園を歩いている。
あなたは言う、

「薔薇は美しい。だが、そのかげには恐ろしいトゲがある」と。

けれども、わたしは言いたい。

「なるほど、薔薇にはトゲがある。それでも、こんなに美しい花を咲かせる」と。


どう違うか。はじめの人は、「薔薇は美しい。けれども、トゲがある」と、トゲの方に目を注いでいる。あとの人は「薔薇にはトゲがある。けれども、美しい」と、トゲは許されるべきものとして、美しい花の方に目が注がれている。

同じ一本のバラを見ておりますけれども、トゲの方に目を注いでいるところからは、とがめたての厳しい世界が広がりますね。「薔薇にはトゲがある。けれども、美しい」と見る方は、トゲは許されるべきものとして、美しい花の方へと、温かい肯定の世界が広がりますね。一本の花を見て、このお話は、まずはよいところを育てよう、ということであろうかと思います。

何度もお話をしてまいりましたが、東井義雄先生にこんなお話があります。

子どもたちのテストに〇×などをつけなければならないことがあります。わたくしも立場上、雲水たちにそういうものをつけなければなりません。まことに抵抗があります。みんなそれぞれに百点満点なんです。人間の寸法でそれに採点をつけて、序列をつける。いいことではありません。大変に抵抗があります。やむを得ずしなければいけないことですけれど、おそらくは、東井先生もそんなお気持ちだったんでしょうね。自分の学校の先生方に、

「子どもたちの○×なり、なんなりの採点をしなきゃならないときに、○は紙からはみ出るほど大きな○をいくつもしてやってくれ。×（ばってん）は虫メガネで見なけれゃわからんほど、小さな×をしてやってくれ」

いいですね。愛の教育です。そうおっしゃった東井先生のことを思い出します。この下村湖人の詩も、よいところを伸ばそうじゃないか、ということであろうと思います。

わたしは、もう一つ、この詩から学んでおきたいことがある。

「トゲを育てるエネルギーも、花を咲かせるエネルギーも、命のエネルギーは一つなんだ」ということです。その命のエネルギーの出場所は、天地総力をあげてのお働きです。

ちょっと話が変わりますが、九州の大分へお話に参りました。何人かの尼僧のお伴を連れてまいりまして、法要の合間に「地獄めぐり」というのをさせてもらいました。

地から噴出するエネルギーを利用して熱帯植物を育てている場所もある。温泉として人々を温めている場所もある。いろいろあります。順に行きますと、池みたいなところに、噴出したエネルギーが泥を持ち上げた格好が、坊さんの頭みたいになっていました。横に「坊主地獄」と。さらに、「危険だからそばによるな」と書いてありました（笑）。

わたくしども坊さんを案内している案内人は、困った顔をしていましたね。泥を持ち上げたのが、やがて爆《は》ぜるから危険ということでして、火口エリアがその辺、泥んこでございました。

そんなものを見ながら、思いました。地中から吹き出すエネルギーに変わりはないけれども、エネルギーの出場所によって、人間の都合ではありますけれども、熱帯植物を育てたり、人々の温泉の治療になったり、出場所によっては、最近でしたら熊本の震災とか、大変な惨事も招きかねない。一つのエネルギーの出場所が違っただけなのになあ、と気づかせてもらいました。

大事なことは、鬼の方に出すエネルギーも、仏の方へ出すエネルギーも、トゲを出すエネルギーも、花を咲かせるエネルギーも、エネルギーは一つです。

その一つのエネルギーは、天地いっぱいからいただいた命のエネルギーだと気づかせてもらったら、おのずからして出すべき方向がわかってくる。そういうものではないでしょうか。

「欲」の方向づけ

もう一つ似たようなお話がございます。

あるとき、お釈迦さまが船でガンジス川を渡っておられた。船が大変朽損《きゅうそん》していたんでしょう、浸水してきた。そこでお釈迦さまは、お弟子さんたちと一緒に、一生懸命、水をかき出しながら向こうの岸に渡った。向こうの岸に渡られてから、弟子たちにお釈迦さまは説かれた。

比丘《びく》たちよ
この船より
水を汲みだせ

汲みだされば
汝の船は軽く走らん
貪《むさぼ》りと瞋《いか》りを断たば
汝は早く涅槃《ねはん》にいたらん

と。船の中に浸水してきた水にたとえて、「比丘たちよ、この船より水を汲みだせ。汲みだされば船は軽く走らん」。ちょうどそのように、貪《むさぼ》りと瞋《いか》りと愚痴《ぐち》、貪瞋癡《とんじんち》、人間の煩悩の代表ですね。その三毒を断てば、あなたは早く仏《ほとけ》の位《くらい》にいくことができる、安らかな世界にいくことができるであろうと説かれた。

この『法句経《ほっくきょう》』の一句を、やはり、尊敬してまいりました、随筆家の江原通子《えはらゆきこ》先生がこうおっしゃった。

「沈める水も、浮かべる水も一つ」と。船を沈める水も、浮かべる水も一つなんだと。船の中へ限りなくとりこんでいけば、船を沈める水になる。外へかき出したら、船を浮かべて押し進める水に変わる。こうおっしゃった。

欲がイコール悪ではない。みなさんがこうして聞こうというのも「欲」です。少しでも勉強し、少しでも向上し、少しでも世のお役に立つことができたらいいなあと願うのも、「欲」ですよね。ああしたい、こうしたいというわがままな自分の思いの欲望も欲に違いないけれど。欲がイコール悪ではない。ここが問題です。欲は大切な命のエネルギーなんですね。天地総力をあげてのお働きをいただいた命のエネルギーだということに気づいたら、小さなわたくしの自我の思いの満足の方には出せなくなる。そういうことではないでしょうか。

こういう話がありますね。「加賀の三羽烏」と呼ばれた方のお一人、高光大船《たかみつだいせん》氏のお話です。刑務所の教誨師《きょうかいし》をしておられた。自分が教誨の担当をしている青年がこう言ったというのです。

「俺は全部この腕一本で生きてきたんで、親の世話にはなっとらん」

こう言った。この先生は、「その腕一本はどこからもらったんだ」と切り返したというお話があります。

腕一本上げ下ろしすることも、すべてが、天地総力をあげてのお働きをいただいていると気づいたら、悪い方には使えなくなる。使ってはならないのではなく、使えなくなる、ということではないでしょうか。天地総力をあげてのお働きを小さなわが身の満足の方にばかり、欲望の満足の方にばかり向けていくとき、これが「船の中に水をとりこむ」という表現になるわけです。

「わが身かわいい」という思いの、自我の満足の方向にばかり、この命のエネルギーを向けていったとき、煩悩となる。それに対してお釈迦さまは、「小欲・知足」と説かれた。「足ることを知りなさい。欲張りなさんな」というのです。

ああしたい、こうしたい。「たい、たい、たい」の方にだけ、欲望の暴走という方向に向けたとき、自我滅亡の方向へといきかねない。

同じ欲を、「少しでも向上させていきたい」、「少しでも勉強したい」、「少しでも世のお役に立つことができたらいいなあ」、そっちの方向へ向けたとき、これが「誓願行《せいがんぎょう》」となる。向上の方向へ、利他行《りたぎょう》の方向へと向ける。欲の方向づけです。こちらは「大欲張りになれ」と示される。

たとえば、禅の言葉に、こういう言葉があります。燃える火にたとえて、

火について焼けず
火に背いて凍えず
よく火を利用するごとく
人、欲を修道の方に向けよ

と。火はいいものだとしがみつくと、火傷《やけど》をする。恐ろしいと言って離れると、凍える。生きているということは、一日生きたら一日生きただけの成長が欲しいですよね。向上の方向へ、あるいは少しでも世のお役に立つように、利他行《りたぎょう》の方向へと、欲望の方向づけができた人を、「菩薩」と呼ぶ。こう受け止めてください。

「三聚浄戒」、「十重禁戒《じゅうじゅうきんかい》」という戒法は、そういう仏のすばらしい命に目覚めた人の生きざまの方向づけができた人、たった一度の命を仏さまの方向へ、向上の方向へと、命の方向づけができた人の願行が、「三聚浄戒」、「十重禁戒」なのだと、まずは受け止めてください。

慈悲は本能ともいうべき愛の転じたもの

もう一つお話ししておかねばならないことを思い出しました。次講のお話にもかかわってまいります。道元さまのお言葉に、

愛語《あいご》は愛心《あいしん》よりおこる
愛心《あいしん》は慈心《じしん》を種子《しゅうじ》とせり

という言葉があります（『正法眼蔵』）。慈悲や愛は、大変美しい言葉に聞こえますが、その根っこは何なのかということを考えておきたいと思います。

お釈迦さまがご在世当時、祇園精舎のすぐ近くのコーサラという国の王さまで、ハシノク王という王さまがおられました。

ある日、王さまが自分の中をしみじみとふり返って、誰よりも自分がかわいいという自

分に気づきます。

みなさんも、わたしよりあなたを愛する、わたしより子どもを愛するとおっしゃると思います。しかし、ギリギリ追い込んだときにどうなるのか。誰よりもわたしがかわいい、と思う自分にいきつく。そういう自分に気づくというのは、お釈迦さまの教えを深く聞いているからでもありますが。

妃のマッカリは大変賢い妃で、ハシノク王はマッカリに「お前はどうじゃ」と聞く。するとマッカリは、自分の中をやはりしみじみと見つめて、「わたくしも同じでございます」と答えた。

どうでしょうか。愛し合っているふたりの間で、「あなたより自分がかわいい」と言えますか。しかし、厳しく自分を見つめたときの姿はこれですね。

わかりやすい例で、記念写真があります。集合写真ができてきましたら、みなさんの一人残らず、まず自分の顔を探すでしょう（笑）。そして、自分の写りがいいと、「これはいい写真だ」と。自分が目をつぶったり横を向いていたりしたら、写真そのものが意味のないものに思えてくる。隣の人がよく写っていると腹が立ってくる（笑）。

写真を見るというほどのたわいのない動作にさえも、わたしどもはこれほど、自分中心にしか見ていないけれど、それに気づいていません。気づいていないから「すまんなあ」とも思わないけれど、こういう話を聞くと「なるほど」と思いますね。

先だって、あるところへ行きましたら、お寺の奥さまがこんな話をしておられた。この間、自分の子どもの運動会があった。みんな、自分の子どもが目立つようにリボンかなんかをつけて、自分の子どもばかりを見ていた。それは、そうですね。走り競争も自分の子どもばかりを見ている。自分の子どもがお友だちを追い抜くと、飛び上がって喜ぶ。逆にお友だちが自分の子どもを追い越したときも、同じように喜んで拍手が送れるか。送れないでしょうね。追い越した友だちが憎らしくなるんじゃないですか。

というほどに、お互いさまに、自分ないし自分の身近な者がいちばんかわいいんですね。そういう自分の姿にハシノク王は気づくのです。誰よりも自分がかわいい。お妃のマッカリも、「わたくしも同じでございます」と。

しかし、慈悲を説くお釈迦さまの教えにもとるような気がしまして、二人して祇園精舎を訪ねて、そのことをお釈迦さまに申しあげた。黙って聞いておられたお釈迦さまは、静かにこうおっしゃった。

人の思いはいずこへも行くことができる
いずこへ赴こうとも
人は己より愛しい者を見いだすことはできぬ

本能ともいうべき「わが身かわいい思い」、これは是非を超えた本能ですね。その本能ともいうべきわが身かわいい思いをまずしっかり見すえましょうと。

「誰よりも、いついかなるときも、自分がかわいい。意識にのぼらないほどの深さで、わが身かわいい思いを常に持ち続けている、働き続けている。それを、まずしっかりとごまかさずに見すえよ」とおっしゃる。

「人の思いはいずこへも行くことができる。いずこへ赴こうとも、人は己より愛しい者を見いだすことはできぬ」という一句の背景には、誰よりもかわいがってもらいたい、誰よりも認めてもらいたい、誰からも傷つけられたくないという切なる願いを持っているわけですが、その思いが満たされなかったときの悲しみも忘れるなということです。

最初の段階は、わが身かわいい思いが満たされなかったときの悲しみ、苦しみも忘れるなということです。本能ともいうべき「わが身かわいい思い」、これがいちばん基本なんです。ごまかしようのない本能ともいうべき事実です。

問題は、その次。お釈迦さまは第二段階として、こうおっしゃった。


それと同じく、人々はこの上もなく己が愛しい

第二段階。自分が、これほど自分がかわいいのと同じように、他の人々も自己はこの上もなく愛しい。わたしたちはこの転じができない。自分の愛しいことだけにとどまり、自分が思うようにならないと、グズる、落ち込む、仕返しをする。そこでとどまる。世の中のマスコミを賑わせているのは、この段階ではないでしょうか。

わが身かわいい思いが満たされなかったとき、傷つけられたとき、落ち込むか、仕返しをするか、暴れるか。まあ、だいたいそこで止まっているのがわたしどもの姿です。

お釈迦さまはそれをごまかしたり、暴れたり、落ち込んだりせずに、そういう自分をしっかり見すえなされ、そのどん底において、自分と同じく他の人々も己がこの上なく愛しいんだと、大きく目を他に転ぜよとおっしゃられる。

わたしがこんなに自分がかわいいように、あの人もこの人も自分がかわいい。わたしが

こんなに傷つけられたくないように、あの人もこの人も傷つけられたくないんだ。わたしが無視されてこんなに辛いように、あの人もこの人も辛いんだ。というように、わが身に引き比べて、思いを他に転ぜよとおっしゃられる。

まずは、自分のどうにもならない本能ともいうべき、「わが身かわいい思い」をごまかさず凝視する。その上で、その思いを他に転じてわたしがこんなに自分がかわいいように、あの人もこの人もわが身がかわいいんだ。こんなにわたしが認めてもらいたいように、あの人も、この人も認めてもらいたいんだ。わたしが傷つけられてこんなに辛いように、あの人もこの人も辛いんだと。

わが身に引き比べて他の喜び、悲しみを「わがこと」として受け止める。これが第二段階です。

そして最後、お釈迦さまは結びとして、

されば己の愛しいことを知るものは
他の者を害してはならん

わが身に引き比べて、ほんとうにわたしがかわいいと思ったら、人を苦しめるな、傷つけるなということですね。

消極的には、他を傷つけるな、不害の歴史。積極的には、慈悲の歴史。これが仏教の二千五百年の歴史です。

比較することではないかもしれませんが、ヨーロッパへ行ってわたしもずいぶんキリスト教の世界をまわってまいりましたけれども、キリスト教の教会の壁画は全部血塗られた殉難《じゅんなん》の歴史です。二千年の歴史は惨憺《さんたん》たる殉難の歴史です。仏教の二千五百年の歴史の中では、血は流れておりません。これは、不害の歴史、慈悲の歴史だからです。

しかし、その不害の歴史、慈悲の歴史の根底となっているものは、本能ともいうべき「わが身かわいい思い」が、深いところで百八十度、方向転換したものだということを忘れではいけません。

「他を愛せよ」なんていうきれいごとではない。本能ともいうべき「我愛《があい》」、それが深いところで方向転換して慈悲に変わった。ここをわたしどもは、しっかりおさえておきましょう。

ゆるぎないですね。浮ついたきれいごとなら、いい加減なものですが、本能ともいえるわが身かわいい思い、その痛み、それを踏まえた上で、深いところで百八十度方向転換したものなのだから、ゆるぎないものがある。それが仏教の慈悲であり、仏教の不害の歴史であるということ。これをまずはおさえておきたいと思います。

信州のわたくしの自坊の参禅会で、李さんというなかなかすばらしい韓国の参禅者の方がいまして、息子さんが躁鬱《そううつ》病で大変苦労された。その息子さんは、躁《そう》のときは、お酒を飲んだりして、お母さんに捨てゼリフを言いながら車のキーを持って飛び出して行っては事故を起こす。そのくり返しなんですね。

ある日、やはりお母さんに捨てゼリフを吐いて、飛び出していった。その息子の後ろ姿に向かって思わず、「お前なんか死んじまえ」と、言葉には出さなかったけれど、思いがふっと浮かんだというんです。

「わたしは愕然《がくぜん》といたしました。三人の子どもを育てる間、わたしは、誰よりもわが子をかわいがって育ててきたことに自信を持っておりました。自分の子どもを殺すなどという世の中の話は、とんでもないと思っておりました。

そのわたしがこの段階になって、『お前なんか死んじまえ』という思いが心の中にふっと浮かんだことに愕然といたしました。

しかし、そのことを通して、わが子がかわいいのは、自分にとって都合のいいときだけだった、ということに気づかせてもらいました。そして、先生がお話しされたハシノク王の話を思い出しました。わたしは浮ついたいい加減な気持ちでしか、聞いていなかった。『もっと深く本気で聞きなされ』と、息子は自分がそういう姿になってまでも教えてくれた、気づかせてくれたと、今は息子を拝んでおります」

すばらしいですね。

仏教の慈悲は、そういう深さにおいてあるということをまずおさえておきたい。

人間のものさしと仏のものさし

その上で「三聚浄戒《さんじゅじょうかい》」のお話に入りたいと思います。

「三聚浄戒」の「聚《じゅ》」とは、あつめるということです。聚楽第《じゅらくだい》の聚《じゅ》で、すべての戒法がここにあつまり、ここから流れている。

「浄《じょう》」はきよらか。清浄です。清浄ということは、混じりけなしということです。みなさんもお正月など、いろいろなときに、お宮なりお寺へお参りに行って、お賽銭をおあげになりますね。お賽銭は、御礼です。生かしていただいていることへの御礼だと思います。「喜捨《きしゃ》」と書いてあるでしょう。喜んで捨てると。だけど、実際はどうなのでしょうね。なるべく軽いのを投げて、山ほど頼んでいませんか。仏さまにおねだりしている。ああしてくれ、こうしてくれと。喜捨の「捨」ではありませんね。混じりけなしではない。わがままな「わが身かわいい思い」のおねだりが山ほど混じっています。

清浄の「浄」というのは、混じりけなし。混じりけなしということで、思い出すことがあります。沢木興道老師が、ある日こういう話をされました。

「精進《しょうじん》」という話の中で、「精《せい》にして混じらず、進んで退《しりぞ》かず」と。「精にして混じらず」という一句の熟語のお話の中で、こういう話をされました。

インドで山火事が起きた。動物たちは全部逃げた。その中で一羽の小鳥が、谷間に行っては、そのちいさな羽に水を浸して、燃えしきる火の上に行って一滴を落とす。これでは消えはしません。消えはしないけれども、一生懸命それを続けるというのです。

もう羽も痛んで、くたびれ果てていても、とにかく渓川《たにがわ》に行ってはその羽を水にひたして、一滴落とす。それを見て、動物たちが笑うというんですね。そんなもん、消えはしない。くたびれるだけだと。

そのとき、小鳥は、「消えないことはわかっている。しかしわたしにできることは、これしかないからやり続けるんだ」と言ったという。どうなのでしょうね。みなさんだったら……、たぶんわたしも、やめるでしょうね。くたびれるだけで消えやしない。結果を問うと。

わたしどもは何か一つをやろうとするときに、結果を問う。「やれるか、やれないか」。混じりけですね。

「人が褒めるか、けなすか」、これも混じりけです。あるいは「儲かるか、損するか」。みんな混じりものです。混じりけなし、というのは、結果を問わない。人がなんと言うかも問わない。というような姿が「清浄」の「浄」という意味だと思います。

「三聚浄戒」。第一が「摂律儀戒《しょうりつぎかい》」ですね。「すべて悪いことは、心からいたしません」。第二の「摂善法戒《しょうぜんぼうかい》」は、「すべて善いことは真心からいたします」。問題は、この善悪です。この善悪というのが、凡夫のわたしどもの善悪ではないんだ、ということです。

わたしども凡夫の善悪は、お金が儲かるとか損をするとか、人が褒めるとか褒めないとか、そのあたりが善悪の凡夫のものさしです。立場が変わると善悪がひっくり返るのも、人間のものさしです。こちらにとって都合がいいことが、向こうでは都合が悪い。

良寛さまの詩に、

「人間《じんかん》の是非《ぜひ》　一夢《いちむ》の中《うち》」

という言葉があります。人間《にんげん》と書いて「じんかん」と読む。人間の世界の善悪はいい加減なもの。こっちに都合のいいことは、向こうでは都合が悪い。立場が変わると善悪がひっくり返るようなものは、人間のものさしです。

だからここで「摂律儀戒」、「摂善法戒」といいましても、人間のものさしではない。仏さまはどうおっしゃるかという、そこに基準をおかなければいけない、とおっしゃる。

聖徳太子が十七条の憲法の中で、

「彼《かれ》是なるときんば則ち我が非なり。我《われ》是なるときんば彼非なり。我必ずしも聖に非ず。彼必ずしも愚に非ず。共に是れ凡夫のみ」

と嘆いておられるように、われわれ人間のものさしはいい加減なものです。仏はどう見るか、つねにそこにおかなければいけないと思います。

ローマ法王のバチカンでは、

「すべてのことを克明に記録して、二百年、三百年のちの歴史がどう採点をくだすか。歴史の目を畏れて今をつつしむ」

というのだそうです。「歴史の目を畏れて今をつつしむ」ということは、いいかえれば、神さまはどう見るか、仏さまはどう見るか。神《かみ》・仏《ほとけ》の目を畏れて今をつつしむ、ということがいえると思います。

「悪いことはいたしません。よいことをいたしましょう」といっても、人間の是非ではないということをしっかりおさえておきたいと思います。

こんなことを思い出しました。これもずいぶん昔の話です。ハワイで開教師をしていた方から聞いた話です。

その方が開教師をしていた頃は、パイナップル畑を通過するときに、喉が渇いたら断らずに、水の代わりにパイナップルを一ついただいて食べることは許されていたそうです。たまたま日本の開教師たちが三、四人、一つの車に乗り、パイナップル畑を通過するにあたって、一つ、採ってご馳走になったんだそうです。一人の開教師が、「食べたことにして、一つ、二つもらって行こう」と言ったそうです。そうしたら、同乗していたハワイの少年が、「ダメだ」と。日本の開教師の方が、「誰も見ていないからいいじゃないか」と言ったら、その少年が「神さまが見ている」と言ったというんです。「神様が見ている」、すばらしいですね。誰も見ていないからいいじゃないかなんて、日本の開教師の方がよっぽどどうかしております。いつ、どこにあっても、神はどう見るか、仏はどう見るか、そこに視点をおく。

こんな話も聞いたことがあります。

石川五右衛門を育てた両親の話を聞きました。石川五右衛門も、お寺に話を聞きに行ったことがあるんだそうです。行きにボロの草履を履いて行って、帰りにいい草履を履いて帰ってきた。そうしたら親が、「お前、見どころがあるぞ」と褒めたというんです。

このときに親がひどく叱ったら、今の世に残る大泥棒石川五右衛門は育たなかったでしょうけど（笑）。たとえば、泥棒さんが、盗りそこなって「あいすみません」と謝るのも、泥棒の世界での善悪になる、というようなことで、人間の善悪はいい加減なものです。

どこまでも、仏はどう見るか、神さまはどう見るか。それがこの「摂律儀戒」と「摂善法戒」で語ろうとする善悪であることを、心にとどめておきましょう。

生かされて生かして生きる

三聚浄戒の三つめが「摂衆生戒《しょうしゅじょうかい》」。「すべて世のためになるように、心からいたします」。わたしどもの生かされている命というものは、天地いっぱいの御働きからということをくり返し申してきました。

イタリアで開かれた国際宗教者会議でお話をしたことがあります。わたしは文字盤に長短のふたつの針がめぐっているという昔ながらの時計を愛用しております。その時計を持ってお話に立とうとして、落としてしまったんですね。日本の畳なり板の間ならよろしいけれど、向こうは床が大理石ですから、いっぺんにだめにしたわけです。長短二つの針を押さえているピンが飛んでしまったんですね。

しょうがないから、お伴の時計を借り、ついでに、時計の話をしました。今、わたしは、うっかりと時計を落としました。大理石の上に落としたがために、長短二つの針を押さえているピンが飛んでしまったらしく、役に立ちませんと。

お釈迦さまの教えというのは、ひと言でいえば「縁起」。全部関わりあっての「縁起」なんです。たとえば、長短二つの針が飛んでしまったために、時計全部が役に立たなくなった。

長短二つの針を押さえているピンは、たとえば百分の一センチとする。目に見えませんね。百分の一センチのような小さなピンが「お役がつまらないから」と言って、お役を放棄したら時計全部が役に立たなくなる。

逆に百分の一センチのピンがどんなに健やかに動ける状態にあっても、時計を構成しているたくさんの部品の中のどれか一つが故障したら、動きたくても動けない。時計を構成している部品の全部が、それぞれの持ち場を充分に務めあげるかたちで、総力をあげて、百分の一センチのピンを動かしてくれている。

時計のそれぞれの部品の全部の働きを一身にいただいて、百分の一センチのピンが動いている。仏教の専門の言葉を借りるなら、「一切即一《いっさいそくいつ》」という言葉です。一切、全部が総力をあげて百分の一のピンを動かしてくれている。生かされて生きている姿。

わたしがこうしてお話しする背景に、みなさんがこうして聞くことの背景に、聞きながらメモができる背景に、ほかならぬ天地総力をあげてのお働きをいただいているのだということを、時計にたとえたお話です。

「生かされて」という一句におき直すことができましょう。何気ない一つひとつの行為が、天地総力をあげてのお働きをいただいての、命の営みであることに気づいたら、その命を、気ままわがままなわたくしの思いに使ってはならないのではなく、使えなくなる。おのずから、百分の一センチのピンは、時計全部の命を背負って百分の一センチのピンの配役を務める。一切即一《いっさいそくいつ》に対して、「一即一切《いちそくいっさい》」と変わる。生かされている命のご恩返しとして、「生かして」という姿勢に変わる。

天地いっぱいのお働きをいただいて今の命の営みがあるならば、その命をわがままな自分のために使ってはならないのではなく、使えなくなる。天地いっぱいからいただいた命であれば、天地いっぱいにお返ししないではいられなくなる。そこに「ご恩返しとして」というひと言を添えたい。ご恩返しとして、生かして生きる。百分の一センチのピンは時計全部の命を背負って、百分の一センチのピンのお役を務める。

それが、第三の「摂衆生戒」。百分の一センチのピンが時計全部の命を背負って今ここの配役を務めあげるように、人類全体、地球全体の姿を視点におき、そこに命の方向づけを考えながら、今、ここを生きる。これが「摂衆生戒」の誓願の姿といえましょう。

沢木老師が、「皮のつっぱりの中だけで生きているわけじゃない。全体で生かされている」と、よくおっしゃった。全体に生かされている命の姿がわかれば、おのずからにして、それにふさわしい、今ここの生き方をしないではいられなくなる。それが「ご恩返しとして、生かして」ということになるんだということを忘れたくない。

そのように、人生の方向づけができた人の生きざま、それを「誓願に生きる菩薩」ということができる。その生き方が「三聚浄戒」というわけです。

誓願ということ

もう一つ、それにちなんでのお話をしておきます。

生かされている命の姿に気づいたら、おのずからにして「人生の方向づけ」ができる。その方向づけができた人の具体的なお話を一ついたしましょう。

みなさん、島秋人《あきと》という人の名前をご存知ですか。ちょっと古い話になりますけれども、彼は終戦直後、日本に引き揚げてきて、新潟の方で飢えに苛まれて農家に押し入り、間違ってそこの主婦を殺してしまって死刑囚になった人です。

島秋人というのは歌の方のペンネームですね。獄中生活の八年の間によき出会いがあって、キリスト教の洗礼を受けます。さらに、「毎日歌壇」の選者だった窪田空穂《くぼたうつぼ》との出会いがあって、歌を通して人生観が大きく転換していきます。

その島秋人が三十三歳で死刑になる。その最後の頃の歌です。

嘘ひとつ　云い得ぬ程にかわりたる
　身の愛しさを尊く覚ゆ

人殺しまでしたわたしが、嘘一つ言えなくなった。自分ながら自分の命を愛しく思う。尊く思える。いいですね。

このような歌もあります。

世のために　なりて死にたし
　死刑囚の目は　もらい手も　なきかもしれぬ

三十三歳。まだ若い。この眼はまだ使える。何とか少しでも世のためになって死んでいきたい。アイバンクに届けて、死刑の後、この眼を使ってもらえないかなあと思う。でも、その眼の持ち主が死刑囚だとわかったら、もらい手がないかなあ、という思い。

人殺しまでした死刑囚が、これほど変わることができる。死の悲しみ、死刑の悲しみを通して、アンテナが立ち、よき師に会い、よき教えに会うことによって、百八十度、方向転換できる。まさに、誓願に生きるというふうに、命の方向づけができた人の歌です。

お互いさまに、たった一度の命、変えていくことができる。諦めずに変えていこう。よき師、よき教えに出会うことによって、この人生の方向づけをしていこうではないか。そう願わずにはいられません。

この仏さまの方向へと方向づけができた人、くり返しますが、それを菩薩と呼びます。限りなく導かれながら、一歩でも、半歩でも、その方向に向かって歩き続ける。これを、まずは「誓願」といいます。その最初が「三聚浄戒」、それから「十重禁戒」へと展開していくわけです。

たった一度の命を、さいわいに導かれることによって、仏の方向へ、悔いのない命の方向へと変えていくことができる。諦めずに変えていこうではないか。そのように願って生きたいと思っております。

第五講　花の祈りのように――「十重禁戒」について

「四摂法」という実践

五回の戒法のお話の機会をいただきました。今回が最後になります。

まずは「一体三宝《いったいさんぽう》」、「現前三宝《げんぜんさんぽう》」、「住持三宝《じゅうじさんぽう》」。気づく気づかないにかかわらず、天地いっぱいのお働きをいただいてこの命の営みを行っている。はじめから仏の御命《おんいのち》を頂戴し、その働きを使い抜かせていただいている。

命の重さにおいては、人間も草木も動物も全部同じだけれど、その命の重さを自覚する働きは人間だけだと申しました。天地いっぱいのお働きをいただくという、すばらしい命を頂戴し、しかも、そういう命を刻々に使わせていただいていることを自覚する人間としての命をいただき、さらにその尊さを説いてくださる教えに出会うことができた。

人身受け難し　今すでに受く
仏法聞き難し　今すでに聞く

という、この感動でございます。そういった命の尊さに気づく。それが最初の「一体三宝」、「現前三宝」、「住持三宝」。そして、授かりの仏の御命《おんいのち》にふさわしい、今ここの生き方をしていこうではないかと、おのずから命の方向づけができる。

わがまま、気ままなわたしの思いを先とせずに、天地総力をあげてのお働きをいただいた命にふさわしい、今ここの生き方をしようと、その命の方向づけのできた人を「菩薩」と呼ぶと申しました。

その菩薩の具体的な生き方をお説きくださったのが、道元禅師の『正法眼蔵《しょうぼうげんぞう》』「菩提薩埵《ぼだいさった》四摂法《ししょうぼう》」ということができるでしょう。

『修証義《しゅしょうぎ》』をお読みいただきますと、「第四章　発願利生《ほつがんりしょう》」、これが道元さまの『正法眼蔵』の「四摂法《ししょうぼう》」の中からほとんどとり上げたものです。「一つには布施《ふせ》、二つには愛語《あいご》、三つには利行《りぎょう》、四つには同事《どうじ》」と、お唱えいただきます。

命の尊さに目覚め、どういう生き方をしたらよいかと命の方向づけができた人が、具体的に、今ここでどう実践していったらよいか、それを説いたのが、「十重禁戒《じゅうじゅうきんかい》」とお受けとめください。

その「十重禁戒」の中身を分類した言葉に「身三口四意三《しんさんくしいさん》」という言葉があります。身体で行う行為が三つ、それを「身三《しんさん》」といいます。言葉で行う行為が四つ、「口四《くし》」、心で行う行為が三つで「意三《いさん》」、あわせて十です。

わずか一講座で十をやる余裕はありませんので、『正法眼蔵』「四摂法」の中の、「愛語《あいご》」に焦点をしぼってお話をさせていただきます。

愛語の力

道元禅師は『正法眼蔵』「四摂法」の中で、

「愛語《あいご》は愛心《あいしん》より生《しょう》ず、愛心《あいしん》は慈心《じしん》を種子《しゅうじ》とせり」

と語られ、さらに「四摂法」一巻の最後は、

「ただまさに　やわらかなる容顔《おもて》をもて　一切にむかうべし」

という一句で結んでいらっしゃる。

この慈悲の心が身体に現れたとき、言葉で現れたとき、心の働きとして現れたときと、慈悲の心を「身口意《しんくい》」の三業《さんごう》にあてはめ、この一点にしぼってのお話にとどめたいと思っております。

その「愛語」のところで、「愛語よく廻天《かいてん》の力あることを」という言葉があります。

それで今、ひょいと思い出したことがございます。また、運転手さんの話です。

先日乗ったタクシーの運転手さんが、乗った途端に、「わしゃあ、しょうもない男でしてな」と語りかけてきました。

「わしゃあ、働いただけ全部、遊びに使ってしまい、家には一銭も入れない。働いただけは、全部自分が遊びに使ってしまって、それでも足りなくて、家内に『貸せ』と言うんです。家内は、文句ひとつも言わずに『お父さんが働いたお金ですからご自由にお使いください』と言ってね。家内は家内で一生懸命、内職なりなんなりをして、子どもも立派に教育してくれました。わしゃ、一銭も入れずに、自分の遊びに使っていた。

ある日、やはり、自分の働いただけでは足りなくて、家内に貸せと言った。そうしたら家内が『まあ、お父さん、お茶でも飲みましょう』とパイナップルの缶詰を持ってきた。金を貸せというのに、何がパイナップルかいな、と思ったら、そのパイナップルの缶詰を開けたら、中に百円玉、五百円玉がびっしり詰まっていた。『お父さんね、少しずつ、少しずつ貯金してきて、今これしかないけど、これでよかったら使ってください』と言うんです。わしゃあ、頭をぶん殴られる思いがした。すまんことであった」と。

一銭も入れない上に、家内から借り続けていた自分。その家内が一生懸命働きながら、すこしでも積んでくれた最後の缶詰の中身、百円玉、五百円玉。「お父さん、これっきりしかないけど、これでよかったら使ってください」と言われたという。「わしゃあ、頭をぶん殴られる思いがした。すまんかった！　それからわたしの人生は百八十度方向転換しました。月にいっぺん、温泉好きの家内と家内の友だちを連れて、一日温泉に遊ばせて罪滅ぼしをしております」

そういう話をしてくれました。まさに、「愛語よく廻天の力あることを」の生演奏です。目の当たりにそれを聞く思いで、「いいお話をありがとう」と、御礼を言って降りたことです。まさに、愛の心は一人の人を百八十度、方向転換させる力があるのですね。

道元禅師が「愛語よく廻天の力あることを学すべきなり」とお説きになっている「廻天の力」というのは、「天子さまさえも方向転換させる力」ということです。

「綸言汗《りんげんあせ》の如し」という言葉がありますね。天子が一度言いだしたことは、たとえそれが道にかなわないことであっても、「ごもっとも」と通さなければならない。一度出た汗はひっこめることができないように、と君主の絶対性を語ったものです。その天子の心さえも方向転換させる力を持っているのが愛語だというのです。

中国・唐の太宗は名君の誉れ高く、在位二十三年の治を記したものが『貞観政要《じょうがんせいよう》』です。帝王学の手引書として上古、日本の為政者たちの間に愛読されたもので、道元禅師もしばしば唐の太宗のことは引用されています。

ある時、太宗が洛陽宮を修復しようと言い出した。たまたま農繁期であったのでしょう。今かりだされたら農民は困ります。民衆を困らせるということは皇帝にとってもよいことではありません。そこで張元素《ちょうげんそ》という人が「今はその時ではない。時期を待つように」と真心をかたむけて進言し、太宗はこの忠言を是として宮殿の修復をとりやめました。名臣の魏徴《ぎちょう》が「張、公事を論ずるに廻天の力あり」と讃嘆の言葉を惜しまなかったといいます。道元禅師は愛語の力の例として唐の太宗の例を引用されたのです。

無財の七施

ほんとうにその人を愛する言葉は、一人の人間を百八十度、方向転換させる力を持っている。それが、「慈悲の心」。それを道元さまは、「愛語は愛心より生ず、愛心は慈心を種子とせり」と、慈悲の心を根っことする、と示しておられます。

それをお釈迦さまは、「無財《むざい》の七施《しちせ》」という形で説かれました。物ではない、心を施すのです。

その第一がほほ笑み、「和顔施《わげんせ》」。それから、愛の言葉を「愛語施《あいごせ》」。まごころを施す「心慮施《しんりょせ》」、身体でやることができる「捨身施《しゃしんせ》」というように七つあります。七つお話ししている暇はないので、とりあえず、「和顔愛語《わげんあいご》」という一点にしぼり、四摂法のお話に重ねてまいりたいと思います。

わたくしは、インドへはご縁があって何度もまいらせていただきましたが、一度はマザー・テレサを訪ねての旅をいたしました。

まったく平等をお説きになったお釈迦さまの国でありながら、生きた仏教の働きはほとんどなく、階級差別が非常に激しい。好むと好まざるとにかかわらず、路上生活者として生まれたら立ち上がることができない。路上生活者として生きていくより、しょうがない。

カルカッタの大通りの歩道が、路上生活者の生活の場所なんですね。歩道と車道の間が路上生活者のお便所です。好むと好まざるにかかわらず、路上生活者として生まれたら、物乞いをしてしか生きていけないのです。動ける限り、三歳でも五歳でも、七十歳でも八十歳でも、動ける限り、人々の集まるところへ行って、「バクシーシー（お恵みを）」と人々の恵みにすがって生きていく。

こういう人々が、カルカッタにとくに多く集まっております。動けなくなったら行き倒れになる。そういう人をせめて今生、最後の一週間でも人間らしく介抱して送りたい、というのがマザー・テレサの一つのお仕事です。

マザー・テレサはいろいろやっていらっしゃって、ハンセン病の施設もある、孤児院もある。その一つが「死を待つ人の家」といいます。

わたくしもカルカッタに宿をとりまして、マザー・テレサのいくつかある施設を全部まわらせていただきました。慣れない仕事で、邪魔しただけで手伝いにもならなかったけれど、くたびれるだけはくたびれて、夕方、カルカッタの街を歩いて宿に行こうとしました。

ふっと立ち止まりますと、あっという間に、そういう物乞いの人たちに取り囲まれるわけです。お母さん乞食、おばあちゃん乞食、子ども乞食……、あらゆる年齢層の乞食たちがうわーっと取り囲んで、「バクシーシー、バクシーシー」と言って目をギラギラさせながら手を差し出す。そういった人たちのお相手に行ったわけでもありましたから、別段驚きもしませんでしたが。

そのとき、わたくしはたった一人。その頃、カルカッタのマガダ大学の教授をしていた日本の此経啓助《これつねけいすけ》という先生が、通訳とボディガードを兼ねてついてくださっていました。その方に、全部いろいろおまかせしておりましたから、頭陀袋の中は前掛けと手ぬぐいしかない。

「バクシーシー」と叫ぶ群衆に向かって、インドの言葉で知っているのは「ナマステ」の一言。ナマは「南無《なむ》」です。「あなたを拝みます」、これがインドの代表的なご挨拶で、必ず合掌して「ナマステ」。それしか知らないものですから、「何もできなくて、してさしあげられなくてごめんなさい」という思いをこめて、「バクシーシー」と叫ぶ群衆に「ナマステ、ナマステ」と、合掌と挨拶をおくりました。

そうしましたら、「バクシーシー」と叫んでいたその手がさっと合掌にかわりまして、みんな、嬉々として踊りあがらんばかりのよろこびの中で「ナマステ、ナマステ、ナマステ」と応えてくれたんですね。

一瞬のうちにガラッと雰囲気が変わりました。こんな和歌ができました。

バクシーシーと　叫ぶ群衆にナマステと
　なす術知らず　ただ手を合わす

バクシーシーと　伸べしその手がナマステと
　合掌の手に変わりつるはや

日本から来た仏教のお坊さんが、インドの言葉で、「ナマステ」と挨拶と合掌をおくってくれたことが嬉しかったのでしょうか。とにかく、一瞬のうちに雰囲気が変わりまして、みんなが嬉しそうに小躍りせんばかりに、ニコニコしながら「ナマステ、ナマステ」と応えてくれました。

考えてみましたら、この人々はいとわれ、ふり払われることはあっても、向こうから「ナマステ」と挨拶と合掌をおくられることはなかったのではなかろうか。「今日も何ももらえないかもしれない」と思いながら「バクシーシー」と手を出した。物こそもらえなかったけれど、思いがけなく「ナマステ」と挨拶と合掌とほほ笑みが返ってきた。思わず、手を引っ込めて「ナマステ」と挨拶をした、ということだったのではないだろうか、と思ったことです。

期せずして、ほほ笑みを施す「和顔施」になっていたのかもしれない。期せずしてナマステのひと言で「愛の言葉」を施していたことになっていたのかもしれない、と後で気づきました。

道元禅師は、

「修《しゅ》すれば証《しょう》そのうちにあり」

と説かれました。やりさえすれば、即、その世界は開く、というのです。

まことにその通りですね。ギラギラと目を光らせて「バクシーシー」と叫んでいた雰囲気が、一瞬にしてガラッと変わった。合掌して「ナマステ」と言いさえすれば、すぐ、合掌の世界が開く。ほほ笑みの世界が開く。まことにその通りだと思いました。

温かい心を運ぶ

このマザー・テレサの教会は、ときどき炊き出しボランティアをいたします。たまたまわたくしがいたときも、炊き出しボランティアがありまして、限りないそういう人たちが、欠けたような器やいろいろなものを持って食べ物をもらいにきます。
パンとスープを渡すとき、マザー・テレサはシスターたちに三つのことを確かめます。

一人ひとりに、ほほ笑みかけをいたしましたか。
そっと手を触れて、温もりを伝えましたか。
ひと言でよいから、愛の言葉がけをしましたか。

マザー・テレサは、炊き出しボランティアをするたびに、シスターたちに丁寧に、この三つを確かめられたそうです。瞬間の温もりであろうと、生きてゆく勇気を与えるんですね。

マザー・テレサは何度も日本に来ておりますけれども、最後に来られたときですが、岡山のノートルダム女子大の方にも行ってお話をされた。そうしましたら、ノートルダム女子大の学生たちが非常に感動して、グループを作ってカルカッタまでボランティアに行こうという話になったのだそうです。

それを学長の渡辺和子先生が申しあげたら、マザー・テレサがこう言ったというのです。「お金と時間を使って、カルカッタまではるばる来てくれなくても、『あなたの周辺のカルカッタ』に、温かい心を運ぶ人間になってくれることの方が大事です」と。この方がむずかしいですね。全く関係のない人々に高いお金と時間を使ってボランティアをする方がやりやすいし、やったという自己満足もあります。

ところが「あなたの周辺のカルカッタ」にきめ細やかに心を運ぶ。一軒のお家で、嫁姑、ご夫婦、親子、きょうだい、あるいは勤め先など、自分の周辺に悲しい思いをしている人はいないか、さみしい思いをしている人はいないか、そこにきめ細かく心を運ぶことの方が、よっぽどむずかしいですね。わかっていても、できない。

こんな話を聞きました。

お嫁さんがお姑さんにお留守番を頼んで勤めに行く。お姑さんに「お留守番よろしく」と言って行くべきことはわかってはいます。でも、それが言えないんですね。犬に「タロー、行ってくるよ」と言う。それで、お姑さんが怒るんですね。「わたしに挨拶しないで、犬に挨拶している」と。

お姑さんに言わなければならないことだとわかっていても、お嫁さんには言えない何かがある。そのように、身近な人にきめ細かく心運ぶ人間になることの方がよっぽどむずかしいわけです。


やっぱり同じことで、一つまた思い出す話があります。道元禅師の「修すれば証そのうちにあり」のお言葉に思い出すお話です。

正司歌江《しょうじうたえ》さんと、福井の小浜でともに講演を勤めたことがございます。正司歌江さんが先に約二時間近く話をされました。みなさんもご存知だと思いますが、正司さんは一日も学校へ出してもらえなかったんだそうです。

「悔しくて、悲しくて、辛くて、何度、死のうと思ったかわからない。レールに身を投げようと思って、レールに立っていてもちっとも電車が来ない。気がついたら終電車が出た後だった（笑）。

しょうがないから帰って来て、お家で梁《はり》から紐で首をつって死のうと思う。なかなか死ねない。みなさんは、首をつって死のうと思うときは、台から足をはずさなきゃなりません（笑）」

そういう涙と笑いの話を二時間ばかりされました。そこで、心に残るひと言がありました。

「拳をふり上げて相手に殴りかかりたいとき、恨みつらみをぶつけていきたいとき、深呼吸をして腹に力を入れて、ニコッと笑うことにいたしました」

このひと言が心に残っております。

人生の旅路には、拳をふり上げたいときもある。恨みつらみをぶつけていきたいときもありましょう。それをそのままやったら、修羅の世界が展開します。深呼吸をして、「待てよ」と自分に待ったをかけて、ニコッと笑ったら、ニコッとした世界が開くのです。最初に申したように、合掌したら合掌した世界が開く。ニコッとしたらニコッとした世界が開く。

この正司歌江さんが、単なるお笑いの芸人ではなくて、人生を語る人として講演に歩くようになった背景は、ここにあるんだろうなと思いました。

ニコッとしたらニコッとした世界が開く。拳をふり上げたらたちまち修羅の世界が展開する。合掌したら即合掌の世界が開く。心にとどめておきましょう。

和顔施と対照的な言葉として、渡辺和子先生がおっしゃった言葉をご紹介しましょう。「不機嫌な顔をして歩いているだけで、環境破壊もはなはだしい。ダイオキシンをふりまいて歩いているようなものだ」とおっしゃっていたことを忘れません。まことにその通りです。いついかなるときも、深く静かなほほ笑みをたたえていることができたらいいですね。これが「和顔施」です。

お釈迦さまの三つの「確かめ」

それから、「愛語」ということで、まずはお釈迦さまのことを思い出します。お釈迦さまは、一つのことを語ろうとするとき、一つのことを言葉にのせようとするとき、三つのことを確かめられました。

第一番は、「今、自分がしゃべろうと思うそのことが、道理にかなっているかどうか。道にかなっているかどうかを確かめる」。

今、自分が話そうと思うそのことが、道理にかなっているか、道にかなっているかどうかをまず確かめる。もう一つ、「事実かどうかを確かめる」。この事実かどうか、ということも大事なことです。

ある日、わたくしのところに、AさんがBさんのことを非常に激昂《げっこう》して訴えてきた。わたくしは、Bさんのことをよく知っていますから、聞いていて、Bさんをよく思っていない人たちの間で、だんだん話が大袈裟になって流れてきた話だな、と見当がつきました。それでわたしは、Aさんに、「あなたBさんに直接会って、その話聞いたの?」と聞いたら、「会ったこともありません」と言う。

要するに、伝え伝えに聞いたことで、むきになって怒っているのです。事実かどうかも確かめずに、噂だけで大袈裟に騒ぎ立てているということも、なきにしもあらずです。ということで、この第一段階は、道理にかなっているか、ということと同時に、そのことが事実であるかどうかということも確かめなければなりません。

二つめは、そのことが道にかなない、あるいは事実であることの確かめがついたら、つぎに、「それを相手に伝えて相手のプラスになるかどうかを確かめる」というのです。

たとえ、そのことが道理にかなったことであっても、そのことを伝えて何の役にも立たないこともあります。ときには、伝えない方がいいこともあります。その人に伝えて、その人のプラスになるという確かめがついたことだけを話すというのです。

わたしたちはうっかりしますと、そのことが相手のためになろうとなかろうと、相手が喜ぶことなら伝える、というような面がなきにしもあらずです。これは、相手におもねっていることになりますね。伝えた相手のためになるという確かめがついたときだけ語りましょう。

三つめ。二つの確かめがついたら、「相手の好むと好まざるとにかかわらず、これを伝える」。お釈迦さまの場合、そういった毅然としたお姿があります。

ここにおいでのみなさんには、そういうことはなかろうと思いますけれども、わたしの信州の御詠歌のおばあちゃんたちはよく言っております。言わなきゃならないと思うけれど、若い者に嫌われると嫌だから黙っております、と。

言わなければならないと思っても、若い者に嫌われると嫌だから、黙っておりますというのは、自分がかわいいだけの話です。

正直申しまして、わたしも八十四にも、八十五にもなりまして、この歳にならないと気がつかないことがたくさんあります。長く生きてみないと気づかないことがたくさんあるわけです。二十代には二十代の経験が、五十代には五十代の経験が、八十代には八十代の経験があるのです。

八十代になってみないと気づかないことを、二十代、三十代の者に言ったってわかりはしません。それでも、わかっても、わからなくてもいい、反発されてもいいから、何かにぶつかったとき、あるいは、歳がいって、気づいてくれればいいから、このことは伝えておかなければいけない、ということがあるのではないでしょうか。やっぱり嫌われてもいいから、大事なことは伝えておく。これが、親切なのではないでしょうか。

相手の好むと好まざるとにかかわらず、伝えるべきことは伝える。お釈迦さまの毅然としたお姿がある。


わたくしは、これにもう二つ付け加えることにしております。

「これを伝えるのに、ときと場所《ところ》を選ぶ」

たとえば、褒めることなら人前でもいいですね。叱ることなら、そっと陰に呼んで叱る、というように、場所を選ぶ。

もうひとつ、ときを選ぶというのは、こういう人がいるからですね。非常に忙しくて相手をしておられない、そういうときを選んで大事なことをいう人がいるのです。「そんなこと、今、この忙しいときに言われても……」と思うような忙しいときに限って、人に有無を言わせず言う。これは悪知恵です。たまにそういう人がいます。これはよくありませんね。

沢木老師もおっしゃいました。

「言わねばならぬことでも、そのときの自分も、相手も、感情の状態が穏やかでないときは言うな」と。

穏やかに静かに言い聞かせなければならない。感情を交えてしまったら、言うべきことでも反発されかねない。ですから、自分の感情、相手の感情が穏やかであるときを選ぶ、と沢木老師がおっしゃったことを覚えております。

このように、わたくしは、お釈迦さまがおっしゃる三つのことを確かめた上で、さらに場所を選び、ときを選んで語ることができるようにと願っております。

たったひと言でも、そのように心を込めることは大事なことです。たったひと言で、死にたいと思っている相手を立ち上がらせることもできれば、たったひと言で、相手を死に追い込むことにもなりかねない。ひと言を、心していかねばと思います。

泣いて叱る――「同事」ということ

この「愛語」ということで、もう一歩深く考えておきたいこととして、「愛の言葉の極限は、叱るという姿にもなる」ということがあります。道元禅師の「四摂法」の中に、やはりそれがありますね。

叱るということで忘れられないお話があります。

東北の学校のPTAの会長をしているお父さんのお話です。小学校四年生の息子さんがいらっしゃいました。仏壇のところにおいてあった五、六百円のバラ銭から、息子さんが二、三百円黙って持っていって、買い食いをしたらしい。お母さんはそれほど気にせず、会社から帰って来たお父さんにそのことを伝えた。

すると、お父さんが大変な剣幕で息子さんに、「おまえ、それがどれほど大変なことか、今から思い知らせてやる」と。真冬だったそうです。

お父さんは、「池の氷水をおまえに五杯かぶせる」と言いました。

お母さん、びっくり仰天して、

「そんなことをしたら息子が風邪をひきます」

と言うけれど、お父さんは聞かない。

「そういうおまえを育てたわたしにも責任がある。わたしもかぶる」

と言ってお父さんも裸になって、裸にした息子さんの手を引いて池の端へ行って、氷を破って、まずお父さんが五杯かぶった。息子さんは涙をボロボロ流しながら、自分のために氷水をかぶっているお父さんを見つめていた。

真冬の氷水は、大人でも心臓が止まるほどの思いだった。つぎにお父さんは、約束だからバケツに水を少なくして、息子に五杯かぶせた。

お父さんはすくんでしまった息子さんを抱いて風呂場へ飛び込んで、乾いたタオルで身体をゴシゴシとこすってやった。息子さんも乾いたタオルでお父さんのお腹をこすった。両方でこすり合いながら、思わず抱き合って泣いてしまった。

それからは、どんなにその辺にお金をほっぽり出しておいても、手にする子ではなくなった。そんな話を聞いたことがあります。

「愛の極限は、泣いて叱る」ということでしょう。このとき、もしお父さんが自分は背広なり洋服を着たままで、息子さんにだけ氷水をかぶせたら、単なる折檻《せっかん》になります。

子どもの喜びをわたしの喜びと受け止め、子どもの悲しみをわたしの悲しみと受け止める。これが「四摂法」でいう「同事《どうじ》」という言葉に直すこともできましょう。愛の極限の姿ですね。

「四摂法」の第四番の「同事《どうじ》」、「ことを同じくする」、ということについてもう少しお話をしておきます。

たとえば、観音さまの三十三応化身《おうけしん》。「三十三」というのは、数字ではありません。無限大です。十人に十人の姿で現れてくださる仏の慈悲の姿です。

一日に八万四千の煩悩あり
　八万四千のみほとけいます

という青木敬麿《たかまろ》の歌があります。一人の人間に一日八万四千という煩悩が起きる。その煩悩の数だけ仏さまが姿を現してお救いくださるというのです。それが、たとえば観音さま、三十三応化身ですね。子どもには子どもの姿になり、病人には病人の姿になって、より添い、お救いくださるのです。

それがまさに同事です。相手の悲しみをわたしの悲しみとする。相手の喜びをわが喜びとする。そういう姿であろうと思います。

道元禅師も、如浄《にょじょう》禅師が泣いて叱ってくれたことを書き残しておられます。如浄禅師は、雲水たちを非常に厳しく打ち、また叱られた。涙ながらに。その如浄さまが泣いて叱ってくださることを、雲水たちはまた泣いてよろこんで受け止めたという言葉がでてまいります。わたくしも、「泣いて叱るほどの愛があるだろうか」と自分をふり返っております。

叱る側にまわったら、「泣いて叱るほどの愛を」と思うと同時に、叱っていただく側にまわったとき、蓮如上人《れんにょしょうにん》の言葉を思い出します。

「わがまへにて申しにくくば、かげにてなりとも、わがわろきことを申されよ。聞きて心中をなほすべきよし申され候」（『蓮如上人御一代記聞書』）

すばらしいですね。われわれはなかなかこうはいきません。「親切があったら直接言ってくれればいいのに」なんて言いながら、直接言われたら「面白くない」というのが、わたしども凡夫の姿です。

蓮如上人は、「直接言いにくかったら、第三者に悪口というかたちででもいいから言ってくれ、伝え聞いて直したいから」とおっしゃった。

叱っていただく側にまわったら、どういう叱り方であろうと、悪口であろうと、よろこんで頂戴する。そんないただき方ができたらいいな、と思います。叱る側にまわったら、泣いて叱るほどの愛が、あるいは「叱る資格がないけれど」と、祈りながら泣いて叱るほどの愛があったらいいな、と自分に言い聞かせております。

愛を着せる、愛を食べさせる――慈心ということ

「愛語」ということからの、いくつかの学びでございます。

「身三口四意三」と、いろいろと展開してまいります（『正法眼蔵』）。

愛語は愛心よりおこる
愛心は慈心を種子とせり

そこでまた、思い出す話があります。

何度もご紹介してまいりました東井義雄先生のお話です。

東井先生は、愛の教育に生きた方です。兵庫の八鹿《ようか》の小学校の校長を最後に定年退職された方ですが、校長時代のことです。

この頃、学校給食が行き届いて、子どもたちはお母さんの手づくりのお弁当をいただく機会がどんどん減ってしまっていることを、大変残念に思っておられた東井先生。

運動会とか遠足が、せめてお母さんのお弁当をいただけるときですね。運動会の日、みんながどんなお弁当を持ってきたか、見て歩いたそうです。何人かがお寿司屋さんの寿司を持ってきていた（笑）。それで、東井先生は大変残念に思った。

まもなく、修学旅行のパンフレットがまわってきた。「一食　弁当持参」と書いてあったので、東井先生は全部のお母さんに手紙を書いたというのです。

「この『一食　弁当持参』は、お母さん方は忙しかろう、疲れておられるだろうけれども、三十分早く起きて、自分でご飯を炊いて、おむすびをしっかりとむすんで、どういう気持ちでこのお弁当をつくったか、気持ちを手紙に書いて、添えて持たせてやってください」

その日は、引率の先生方も全員、手づくりのお弁当を持ってきて、第一日目は大阪空港の見学になったそうです。野外でのお食事になった。お弁当の時間に、「みんな、どんなふうにお弁当を食べるかな」と見ていました。お弁当を開いたら、お母さんの手づくりのおむすびが出てきた。お手紙がついていた。みんな、躍りあがってよろこんでいる。

森木君という少年は、お母さんの手紙を読んで、お守りみたいに押し懐《いただ》いて、小さくたたんでポケットにしまった。

東井先生が「森木君、先生にその手紙を見せてくれや」と言ったら、森木君はもったいなさそうに「先生、あげるんと違うで。ちょっとだけ、見せてあげるんで」と見せてくれたそうです。

その森木君が、後で作文にこう書いていた。

「お弁当の包みを開いたら、お母さんの手づくりのおむすびが出てきた。お手紙が添えてあった。それを読んだら、嬉しくて涙がこぼれた。夜、もういっぺんその手紙を出して読んだ。そして、お母さん、一日、無事終わったから、安心しておくれ。明日も気をつけて行くからね」

と、お母さんとお話をしていたそうです。

「おむすびというのは、親と子の心を結ぶおむすび。こういうところから、親子の断絶はない」と東井先生はおっしゃる。

恵ちゃんという女の子は、こんな作文を書いてくれていた。

「お弁当を開いたら、お母さんの手づくりのおむすびが出てきた。お手紙が添えてあった。それを読んだら、嬉しくて涙がこぼれた。

気がついてみたら、わたしのこの着ているお洋服は、お母さんが忙しい合間をぬって、手づくりで縫ってくれたお洋服だ。襟元の花模様の刺繍も、お母さんの手縫いの刺繍だと気がついた。五十人のおおかたの人は、買った洒落たお洋服。それに比べてわたしのお洋服はちょっと不格好だけど、お母さんが一針一針心を込めて縫ってくれたお洋服だと気がついたとき、わたしはクラスの中でいちばん幸せな子だと気がついた。

わたしも、お母さんになる日が来たら、お母さんのようなお母さんになりたいと思います」

と、作文を結んであったそうです。いいですね。この世でたった一人「お母さん」と呼ぶことを許された人。

「わたしがお母さんになる日が来たら、お母さんのようなお母さんになりたいと思います」

「わたしがお父さんになる日が来たら、お父さんのようなお父さんになりたいと思います」

「わたしがおじいちゃんになる日が来たら、おじいちゃんのようなおじいちゃんに……」(笑)。すてきですね。

昔から、「親の言う通りにならないけれど、親のする通りになる」と申します。嫌でも、生き見本です。言う通りにはならないけれど、する通りになる。どうぞ、みなさんがお子さんやお孫さんのよい「生き見本」になるような生き方をしていただくこと、これが何よりも大事なことと思います。

まさに愛を着せる、愛を食べさせる、そういうことではないだろうかと思います。

わたくしごとになりますけれども、わたくしは愛知県の一宮の出身で、普通の在家ですが、非常に仏縁が篤くて、たくさんのお坊さんを出している家系ではございます。おじいさんが御嶽山の先達をしていました。

父はあまり身体が丈夫でなかったので、子どもが少なくて、四十五歳のとき、久々に少し病状が治ったときにわたしをつくってくれたようでございます（笑）。

両親は非常に喜んでいたということですが、母のお腹に宿った途端に、先達をしていたおじいさんが、「今度、お腹にできた子は、出家するであろう」と、予言をしたんだそうです。

すでに亡くなっていたおじいさんですが、御嶽山の御講のときにお座に出られて、予言されました。

生まれると同時に、この先達をしていたおじいさんがまたお座に出られて、「信州で出家するであろう」と、わたくしのほとんどの生涯の予言があったんだそうです。結果的には、どうも予言通りの人生を歩いているようでございます。

そんなことで、母は五歳のわたくしを手離すとき、悲しくて悲しくて、どこか遠くへ行って泣いていたようです。五歳で実家を後にして、伯母が住職をしている信州の無量寺に行きました。

伯母は大変かわいがって育ててくれましたけれど、小僧教育は徹底しておりました。五歳で無量寺の門をくぐって、まっ先にご本尊様の前に座らせて、伯母はこう言いましたね。「よく拝んでごらん。仏さまは、いついかなる時も見守っていてくださるんだよ。眠りこけていようが、遊びほうけていようが、仏さまなんかいるもんかと反発していようが、いついかなる時も、仏さまは見守り通しに見守っていてくださるんだよ」

無量寺は、もとは浄土宗のお寺で、廃仏毀釈で廃寺になっていたところを伯母が曹洞宗の尼寺として再興したものですから、ご本尊さまは、阿弥陀さま。阿弥陀さまは両方の御手の親指と人差し指で丸を作っておられますね。

そのお姿を指さして、「おまえがね、もし誰も見ていないと思って悪いことをすると、あの手の丸が三角になるんだよ」と教えてくれましてね（笑）。

五歳のわたくしは、それを本気にいたしまして、「あの丸が三角になったら大変だ、仏さまは何とおっしゃるのかな」という思いがいつでも離れませんでした。ときどき心配になりまして、手の丸が三角になっていると恥ずかしいですから、誰も見ていないのを確かめては、須弥壇《しゅみだん》にそっと這い上がってご本尊さまの手の丸を確かめたものでございます。

おかげさまで、いつでも丸でございましたが（笑）。

これは、大変な教えでして、凡夫の気ままなわたくしがどんなにやりたいことでも、仏さまが三角とおっしゃることはやってはいけないのだと、凡夫のわたくしがどんなにやりたくないことでも、仏さまが丸とおっしゃることはやりなされと。たった一度の人生を気ままなわたしの思いを先とせずに、限りなく仏さまにお尋ねしながら、仏さまに引っぱっていただきながら生きていきなさい。これが、五歳のときの伯母の教えです。


十五歳で頭を剃って、最初にお目にかかることができたのが、沢木興道老師でした。

沢木興道老師の口から、

「宗教とは生活のすべてを仏さまに引っぱられていくということじゃ」〝たった一度の人生を気ままわがままなわたしの思いで引っぱっていかないで、限りなく仏さまにお尋ねしながら、仏さまに引っぱっていただきながら生きていけ〟

という沢木老師の言葉に出会いまして、

「ああ、五歳のときの師匠の言葉はこれであったなあ」

と、五歳の子どもにわかりやすく説いていただいた幸せを思ったことです。

わたくしが師匠の寺に入ったその日から、毎日、朝暗いうちから本堂の一時間のおつとめ、それから毎日、お経を習う時間がありました。まっ先に習ったのが『舎利礼文《しゃりらいもん》』。これはすぐに覚えました。

二つめが、『般若心経』。五歳の頃のことで、口写しでした。すぐ覚えます。覚えると母に「『般若心経』を覚えました」と手紙を書いて送りました。

母から返事が来まして、

「お前は幼いのに、よく早く覚えたね。お母さんはもの覚えが悪くてね、『般若心経』がいつまでたっても終わらないんだ」と。

おわかりですか。『般若心経』の「故心《こーしん》」と「故得《こーとく》」というところを間違えると、すっと終わっちゃうか、いつまでもくり返しているという、危ないところがあるのです（笑）。

母は、終わらないと言うんですね。

「わたしのためにカタカナでいいから般若心経を書いて送っておくれ」

という手紙が来ました。わたくしは、母よりも早く覚えた、なんて思いまして、とくとくと、カタカナで『般若心経』を書いて送ったんです。

わたくしの上に十一、年の離れた兄がおりまして、わたくしが十五で頭を剃りましてから、兄がこんなことを言いました。

「あなたの五歳のときのカタカナの『般若心経』、母は、片時も肌身離さず持って歩いて、畑へ行くときも、どこへ行くときも持って歩いて、そっと出して読んでは涙を拭いていたよ」

兄の話を聞いて、ああ、母の老婆心だった、と遅ればせながら気がついたんですね。

わたくしの実家は御嶽山の先達の家でしたから、奥の八畳の一間が仏壇で、一間が神棚でした。母は誰よりも早く起きますと、両方に新しい水を供えて、『般若心経』を読みます。『般若心経』を読んで、台所におりる。これが母の日課だったことを後で知りました。ですから、母が『般若心経』を読めなかったはずはないのだけれども、泣く泣くでもわたしを坊さんにすべく送り出した。「お母さんは覚えが悪いけれど、おまえはよく早く覚えたね」と褒めながら、一箇所間違えると、いつまでも終わらないか、すっと終わっちゃう場所があるんだよということを教えてくれた母の老婆心だったなと、遅ればせながら気がついたことでした。

その母は手織りが好きでもありましたが、せめてもの思いからでしょうね、一緒にいられない悲しみやら祈りやらこもごもの思いでしょう。「お前が一生着るものは、織り残したい」と、法衣《ころも》からお袈裟、白衣から、色の着物、帯から、コートにいたるまで、織り残してくれました。今のこの歳にいたるまで、母の手織りのものを着ております。一筋一筋に祈りを込め、糸を紡いで織ってくれたであろう母の着物を、海外へ行くときも、ひとつは身につけて行くことにしています。

母が亡くなりまして、すでに相当な年月が経ちますけれども、母の祈りに包まれて、母の見守りの中で生きる。そんな思いがいたします。

愛を着せる、愛を食べさせる。そういうことだろうなと思えてなりません。自分の親の話で恐縮ですが、「愛語は愛心より生ず、愛心は慈心を種子とせり」。その慈心の例として親心を申しあげました。

至るところ花が咲くように

心をどう運ぶかということについてもう少しお話をさせていただきます。

ここで、お地蔵さまのことをお話ししておきましょう。お地蔵さまをお参りするときのお真言《しんごん》は、「オン　カカ　カビサンマエイ　ソワカ」。

仏さま方は、一つの誓願を持っておでましくださっている。その誓願が真言となって唱えられている。仏さまをお参りするとき、その真言をお唱えいただく。お地蔵さまをお参りなさるときは「オン　カカ　カビサンマエイ　ソワカ」とよんでいただく。「オン」と「ソワカ」は、はじめと終わりにつく言葉で、まん中の二句、「カカ」「カビサンマエイ」、これがお地蔵さまの誓願です。

「カカ」というのは「呵々大笑《かかたいしょう》」という笑い声。「カビサンマエイ」は「莞爾《かんじ》」と訳す。「莞爾」とはほほ笑みです。ですから、お地蔵さまの誓願は、笑顔と笑い声で象徴されていることになります。

ついでに、お気づきかもしれませんが、日本のお母さんのことを昔は「かか様」と呼びましたね。この「カカ　カビサンマエイ」からとったと伝え聞いております。すばらしい名前をいただいたものです。

一軒のお家で、いつでも温かいほほ笑みを絶やさない。それが「かか様」なんですね。その方のお姿を見ただけで、よろこびがいただける。その方のお顔を見ただけで安らかになる、生きてゆく勇気が湧いてくる。これが「かか様」の意味ではないでしょうか。

「オン　カカ　カビサンマエイ」の「かか様」。この頃は、お母さんの笑顔が消えて「マゴン」になってしまった（笑）。これではいけませんね。

気に入ったときだけではないですよ。いついかなるときも、ほほ笑みを絶やさない。その方のほほ笑みを見ることで、生きる勇気が湧いてくる。そんなふうになれたらいいなあ、と思うのです。

相田みつをさんの、「あなたがそこにただいるだけで」の話は第二講でご紹介しましたが、もう一ついい詩があるんです。

おてんとうさまの
ひかりをいっぱい吸った
あったかい座ぶとん
のような人

いいですね。冬など、座ぶとんを干して、ほかほかにして温まっていると、猫が喜んでやってきます（笑）。そのような人になる。「座ぶとん」というのは、すごいですよね。下に敷かれるだけです。座ってしまったら見えなくなります。それでいて下から温もりを与えてくれる。すばらしい姿です。乗る方ではなく、乗られる方になって、しかも相手を下から温もらせていき、喜びを与える。なかなかできないことです。そのあったかいおひさまの光をいっぱい吸った座ぶとんのような人。そんな人になれたらいいなあ、と思うわけです。

もう一つだけ申しあげておしまいにいたします。

前にも話しましたが、人生修行を十段階の牛飼いにたとえた話があります。『十牛図』ですね。禅の語録に牛が出てきましたら、仏性《ぶっしょう》とか、おさとりを象徴しています。もう一人のわたしを育てての人生修行を、十段階の牛飼いにたとえた話といってもよいでしょう。その十段階目、最後です。

宋の廓庵師遠《かくあんしおん》という人がこれを書いているのですが、十のそれぞれに、七言の漢詩の言葉が添えられています。

第十段階目は、修行してきたことも全部忘れて、みんなの中に入っていく姿。良寛さまみたいですね。修行するだけして、修行したことも忘れ果て、みんなの中にまったく一つになって入っていく姿が、第十番目。その姿を、こういう言葉で表現している。

「顔中、からだ中が満面の笑顔で、その人の姿を見ただけで、枯れ木に花が咲く」と書いてあります。枯れ木に花が咲く。ああ、花咲か爺さんは、これだったんだなあ、と思いました。

その方のお姿を見ただけで、その方のひと声を聞いただけで、死にたいと思っていた人が生きる勇気をいただく。枯れ木に花を咲かせる。なるほど、と思いました。

わたくしどもの「十重禁戒」を、「愛語」、「愛心」、「慈悲心」に集約して、その慈悲心が身体でどうなるか、顔でどうなるか、言葉でどうなるかと、展開してみました。

わたくしどもの朝から晩までの何気ないそのひと言が、あるいはふるまいが、心の運びが、相手を死に追い込むことになったり、死のうとする人を生き返らせる、勇気を与えることにもなります。

高見《たかみ》順《じゅん》という人が新聞を配達する少年についての詩をつくっています（『おれの期待』）。その一部を紹介しておしまいにしたいと思います。

高見順が、たぶん病院でこの少年を見てつくったのだと思います。

なにかをおれも配達しているつもりで
今日まで生きてきたのだが
人々の心になにかを配達するのが
おれの仕事なのだが
この少年のようにひたむきに
おれはなにを配達しているだろうか

お互いさまに、家族の一人ひとりに、勤め先の一人ひとりに、道ですれ違う一人ひとりに、すべての人にわたしは何を配達していたのだろうか。その方のお姿を見ただけで、よろこびを、安らぎを、生きてゆく勇気を配達したか。ダイオキシンをふりまいていなかったか。自らをふり返りながら、歩いていきたい、と思います。

少なくとも仏の御命《おんいのち》を、仏のお働きをいただいた者として、どうあるべきか。どうぞして、その方の行くところに花が咲くようにと、そんな誓願のもとで生きていきたいと思います。この一点で「十重禁戒」のお話にかえさせていただきます。ありがとうございました。

十六条ノ戒法

一、三宝《さんぼう》に三種の功徳《くどく》

1、一体三宝《いったいさんぼう》　三宝の原点。天地悠久の真理を三つの視点から光をあてたもの。

2、現前三宝《げんぜんさんぼう》　歴史上の三宝。釈尊とその教えと、僧伽。

3、住持三宝《じゅうじさんぼう》　法に住し、法を護持《ごじ》して、二五〇〇年後の今日まで相続し来たった三宝。

二、三帰戒《さんきかい》

南無帰依仏《なむきえぶつ》　「仏《ほとけ》はこれ大師《だいし》なるがゆえに帰依《きえ》す」

南無帰依法《なむきえほう》　「法《ほう》はこれ良薬《りょうやく》なるがゆえに帰依《きえ》す」

南無帰依僧《なむきえそう》　「僧《そう》はこれ勝友《しょうゆう》なるがゆえに帰依《きえ》す」

三、三聚浄戒《さんじゅじょうかい》

第一　摂律儀戒《しょうりつぎかい》　すべて悪いことは心から致しませぬ。

第二　摂善法戒《しょうぜんぼうかい》　すべて善いことは真心から致します。

第三摂衆生戒《しょうしゅじょうかい》　すべて世のためになるように心から致します。

四、十重禁戒《じゅうじゅうきんかい》

身三

第一不殺生戒《ふせっしょうかい》　ものの命を取りませぬ。
無益の殺生《せっしょう》を致しませぬ。

第二不偸盗戒《ふちゅうとうかい》　盗みを致しませぬ。
不当の利益や所得を望みませぬ。

第三不貪婬戒《ふとんいんかい》
［不邪婬戒《ふじゃいんかい》］　男女の道を踏みまちがえないように致します。

口四

第四不妄語戒《ふもうごかい》　うそ偽りを申しませぬ。

第五不酤酒戒《ふこしゅかい》　迷いの酒を持ちまわりませぬ。

第六不説過戒《ふせっかかい》　仲間どうしの過ちをとがめませぬ。

第七不自讃毀他戒《ふじさんきたかい》　自分を是《よし》として相手をそしりませぬ。

意三

第八不慳法財戒《ふけんほうざいかい》　物も心も惜しみませぬ。

第九不瞋恚戒《ふしんいかい》　いかり腹立ちを致しませぬ。

第十不謗三宝戒《ふぼうさんぼうかい》　仏法僧の三宝を謗《そし》りませぬ。

高階瓏仙禅師五十回忌報恩大授戒会
（平成二十九年六月十六日～二十日、可睡齋にて）

おわりに

平成二十九年六月十六日から二十日までの五日間、静岡県袋井市久能の名刹、可睡齋で、高階瓏仙禅師の五十回忌報恩大授戒会が厳修されました。

高階禅師は、六十年前、私が大学遊学の頃、曹洞宗管長として活躍しておられ、侍局長だった佐瀬淳光老師もよく存じあげておりました。そのお弟子さんの佐瀬道淳老師とは、大学の頃、共に学ばせていただき、その後も長くご法愛をいただいてまいりました。重々の勝縁のもと、このたびの報恩授戒の説戒師という配役を拝命し、五回にわたり説戒を勤めさせていただきました。

今日まで何回かあちこちで説戒をさせていただきましたが、授戒会というのは定められた法要が多く、説戒や説教の時間が切りつめられがちで、お伝えしたいことが十分でないまま、という思いをしてまいりました。このたび、戒師の佐瀬老師から「一時間半でも二時間でも、心ゆくまでお話ししてください」とのお言葉をいただき、思い切って時間を頂戴してお話をさせていただきました。しかし参究の足りないうえに、繰り返し、復習しながら、念には念を入れて、という形で話を進めたため、文章になおしてみますと、間のびしたものとなりましたので、今一度、加筆修正して、このようなかたちになりました。どのように生きるか、道を求めている方々の手にとっていただけますならば、望外の喜びです。

出版にあたり、授戒会の事務局として活躍された松井量孝師が、テープ起こしの労をお引き受けくださいました。心から感謝申し上げます。

このたびも春秋社より刊行の運びとなりました。神田明会長、澤畑吉和社長、佐藤清靖編集取締役、編集部の楊木希さんに感謝の意を表します。

平成三十年五月夏安居結制の日

青山俊董　合掌

青山　俊董（あおやま　しゅんどう）
昭和8年、愛知県一宮市に生まれる。5歳の頃、長野県塩尻市の曹洞宗無量寺に入門。15歳で得度し、愛知専門尼僧堂に入り修行。その後、駒澤大学仏教学部、同大学院、曹洞宗教化研修所を経て、39年より愛知専門尼僧堂に勤務。51年、堂長に。59年より特別尼僧堂堂長および正法寺住職を兼ねる。現在、無量寺東堂も兼務。昭和54、62年、東西霊性交流の日本代表として訪欧、修道院生活を体験。昭和46、57、平成23年インドを訪問。仏跡巡拝、並びにマザー・テレサの救済活動を体験。昭和59年、平成9、17年に訪米。アメリカ各地を巡回布教する。参禅指導、講演、執筆に活躍するほか、茶道、華道の教授としても禅の普及に努めている。平成16年、女性では二人目の仏教伝道功労賞を受賞。21年、曹洞宗の僧階「大教師」に尼僧として初めて就任。明光寺（博多）僧堂師家。
著書：『くれないに命耀く』『手放せば仏』『光のなかを歩む』『光に導かれて』『光を伝えた人々』『あなたに贈ることばの花束』『花有情』『生かされて生かして生きる』『あなたに贈る人生の道しるべ』（以上、春秋社）、『新・美しき人に』（ぱんたか）、『一度きりの人生だから』『あなたなら、やれる』（以上、海竜社）、『泥があるから、花は咲く』（幻冬舎）他多数。

今ここをおいてどこへ行こうとするのか

2018年6月16日　初版第1刷発行

著　者　青山　俊董
発行者　澤畑　吉和
発行所　株式会社春秋社
〒101-0021
東京都千代田区外神田2-18-6
電話　(03)3255-9611(営業)　(03)3255-9614(編集)
振替　00180-6-24861
http://www.shunjusha.co.jp/
印刷所　萩原印刷株式会社
装　丁　野津　明子

ISBN 978-4-393-15343-7　C0015　　定価はカバー等に表示してあります。